ここで一言お願いします！

即興スピーチ術

大嶋友秀 著

芸術新聞社

まえがき

スピーチの無茶ぶりは突然やってくる

ビジネスシーンでは、突然発言を求められることがよくあります。例えば、上司やクライアントとの会話や会議の席で、あるいは電話で、ときには面接試験で、次のような場面に出くわすことが誰にでもあるでしょう。

「これについてどう思いますか？」と意見を尋ねられる。
「これはどういうことですか？」と説明を求められる。
「なぜこんなことになったのですか？」と理由や原因を追及される……。

日常の雑談ならともかく、改まった場でこう問いかけられたら、誰でも「そ、それは……」と言葉に詰まってしまいそうです。また、ミーティングや懇親会などの集まりで、いきなりこう振られることもあります。

「では、自己紹介をしてください！」

「ここで一言、ご挨拶をお願いします！」

こんなときに、「えっ⁉　急にですか……」と戸惑い、ぐずぐずしていたらその場はしらけ、自分の立場が悪くなってしまいます。

この本を手にしてくださったあなたも、そんな場面で困ってしまった経験がきっとあるでしょう。わたしも、いきなりの発言は大の苦手でした。今でこそ、スピーチやプレゼンテーションの講師として大勢の前に立ち、受講者からの思いがけない質問に答えたり、クライアントからの急な要望に応じて説明をしたりしています。ただ、そうできるようになるまでにはいささか苦労し時間もかかりました。

メーカーの営業担当だった若い頃、苦手を克服したいと話し方の本を何冊も開きましたが、その多くが「事前の準備、練習をしっかり行う」ように勧めてきました。話し方教室にも通いましたが、スピーチ原稿を作って何度も練習して発表する授業がほとんどでした。これでは、とっさの場面には役立ちません。

いきなり話せと言われたとき、どうすればいいのか？　誰も教えてくれず習う機会もないというのは困ったことです。ビジネスコミュニケーションの指導に関わる者として、この状況をなんとかしなければと思っていたのが、わたしがこの本を書こうと決心した理由です。

即興スピーチは学べる

この本では即興スピーチを学び、身につけます。

即興スピーチとは、あまり聞きなれない言葉です。わたしは人からいきなり質問されたり、話を振られたりした場合の対応をすべて即興スピーチだと考えています。それなら、したことがない人、する必要がない人はいないはずです。なぜなら、日常のコミュニケーションがそもそものような「即興」で成り立っているからです。

実は、即興スピーチは、国際的に広く学ばれています。

その学習機会のひとつとして、わたしが所属しているトーストマスターズクラブという非営利の教育団体があります。

この団体は、正式名称をToastmasters Internationalと言い、1905年にアメリカで、ラルフ・C・スメドリー博士という教育者が発案したクラブ活動から始まりました。現在では、この活動は全世界に広がり、世界143カ国、35万人を超える人たちが学んでいて、日本でも全国で200以上のクラブが存在しています（2020年4月30日現在）。

活動内容は、1週間か2週間に1回程度メンバーが集まって順番にスピーチをし、お互いに批評し合う「例会」がメインです。そこで、準備スピーチとともに学ぶのが即興スピーチです。

また、トーストマスターズクラブでは、何百人もの前でスピーチをする全国規模でのコンテストが開催されています。4年に1度開かれてきた即興スピーチのコンテストでは、順番が来たらステージに呼び出され、そこで初めてスピーチのお題が発表されます。それを聞いたら、大勢の聴衆を前にしてすぐにスピーチを行うのです。

わたしはこの即興スピーチの全日本コンテストで過去5回優勝しています。ある回の質問は、次のようなものでした。

「あなたが宇宙空間に娯楽施設を作るとしたら、何を作りますか？」

あなたならどう答えますか？　わたしは次のように述べました。

「何もない宇宙ステーションを作ります。苦労してはるばるやってきたのに、着いたらからっぽ。そこから地球を見て人生や命の意味を考える、究極のわび、さびを味わえる施設です」

観客から「おお！」と驚き感心したような反応が起こりました。それに励まされ、わたしは2分間楽しく話を展開し、まとめることができました。

ここで学んだスピーチ力は、営業の仕事に大きな変化をもたらしました。話ベタで契約を取れなかったわたしが、堂々とプレゼンテーションをして顧客から信頼され、成果を上げられるように変わっていったのです。

わたしは営業マンからセミナー講師へとキャリアチェンジし、独立することになりました。今から18年前のことです。

ピンチをチャンスに変える即興スピーチ力

この間、もっとも重宝したスキルは何だったのか？ 振り返って改めて思うのは、営業にしても講師にしても、やはり即興スピーチの力がカギだったということです。

即興スピーチを学ぶと話すことに自信が持てるようになります。発言を求められたときに「えっ⁉　困ったなあ、どうしよう」と戸惑っていたのが、「おっ！　これは即興スピーチをするチャンスだ」と思えるまでに変わりました。

よく面接試験やプレゼンテーションでの質疑応答に備えて、想定問答集を作って覚え込もうとする人がいますが、これはなかなかうまくいかないものです。暗記した返事では相手から「マニュアル通りにしゃべっている」と見抜かれてしまいます。それに、なにより困るのは想定外の質問が出たときです。どんなに頑張っても相手が何を質問し、どんな発言を要求してくるかを１００％予想することはできません。

しかし、即興スピーチは、相手の質問や求めをきっかけとして自分の考えを自由に述べるものです。思いがけないことを尋ねられても、自由な感覚で「面白い質問だな！」と受け止めれば、自分なりの言葉が浮かんできます。

こういう主体的で自由な姿勢と発想、そしてそれをすぐに言葉にできるスキルが身についていれば、どんな場面でも自分の個性や感性を表現し、アピールすることができるのです。

およそ30年間のトーストマスターズクラブの活動、そして営業やセミナーの現場で、わたしは徹底的に即興スピーチ力を鍛えられました。その中で学び、工夫し、身につけた内容をこの本の中に凝縮してお伝えしていきます。

本書は、大きく前半が基本スキル編、後半が実践スキル編という構成です。

第1章では、即興スピーチの能力を高めるための心構えと習慣を紹介します。即興スピーチに特別な準備時間はないですが、日常生活すべてを準備にあてられると考えれば、いくらでも時間はあります。

第2章では、見た目と声の大切さに触れます。スピーチをするとなると、つい内容にばかり意識が行きがちです。ここでは、話し手の姿勢や態度、表情、それに声の調子など言葉以外の印象が、いかに聞き手に大きな影響を与えるかを学びます。

第3章では、今さら人に聞けない敬語やフォーマルな決まり文句を身につけます。スピーチで急に改まった言葉遣いをしようとしても、ついつい普段の口調が出てしまうものです。

第4章では、スピーチの型、フレームワークを伝授します。学生の頃、文章の構成法として起承転結を学んだように、実はスピーチにもそのような型が存在します。型を身につければ中身だけを入れ替えればいいので、毎回違った内容を効率よく、分かりやすく伝えることができるようになります。

第5章では、自分にとって関心がない質問やテーマが出たときの対処法を学びます。機転を利かせることで、即興スピーチ自体のハードルがぐんと下がります。

第6章では、具体的な場面別事例集を掲載します。日常やビジネスで「一言、お願いします」と言われそうな12の場面を想定して、スピーチのポイントと文例を紹介します。

そして、巻末には即興スピーチの練習問題を掲載しています。ステップアップ形式になっていますので、力試しにチャレンジしてみてください。

ビジネスパーソンにとって、準備どころか予想もしていないのに話さなければならない場面は、一種のピンチです。しかし、いきなり発言を求められても、すぐに的確な返答や堂々とした発言ができたら、ピンチはチャンスに代わります。今苦手な人も、根気強く学び、場数をこなすことで必ずできるようになります。わたしがそうだったように。

本書をその足がかりにしていただけると幸いです。

目次

第2章 基本スキル編1

第3章 基本スキル編2

第4章 実践スキル編1

第5章 実践スキル編2

第6章 実践スキル編3

第1章 マインド編

即興スピーチ力を伸ばす日常の過ごし方

即興スピーチは日常生活が反映される

即興スピーチに準備している時間はありません。しかし、それはあくまで「スピーチのための特別な準備時間」がないということです。日常生活をすべて準備のために活用できると考えれば、いくらでも時間はあります。

この章では、日常生活の中でできるスピーチのための準備について考え、そのための行動を習慣化するマインドを身につけましょう。

即興スピーチでは、そのときの自分がそのまま出ます。自分に知識、経験がないこと、関心がないことは話せません。つまり、**知識や経験を積む努力をしなかったり、ものごとに無関心であったりすれば、即興スピーチはできない**のです。

即興スピーチに限りません。本番まで時間があり、十分な準備ができるように思えるスピーチでも、知識や経験、関心事がなければ「何を話せばいいのか」と考えるだけで空しく時間が過ぎ去ってしまうものです。

日頃から話の材料を仕込んでいなければ、どんなに時間があったとしてもいいスピーチはできません。言い換えれば、いつでもものごとに関心、好奇心を持って取り組み、積極的に知識や経験を増やしていれば、それを話の材料として内容豊かなスピーチができるようになります。

さらに、日頃から積極的に自分の意見を発表したり、人前で発言したりする機会を多く持っていれば、いざというときにも余計な不安や気負いを感じることなく話ができるものです。しかし、普段、他の人が発言するのを自分は黙って眺めているだけということでは、人前で話せと言われたら大変なプレッシャーになってしまうでしょう。これではやはりスピーチはできません。

つまり**スピーチをする力とは、その人の日頃の生きる姿勢を反映している**のです。このことをまず、強く意識していただきたいと思います。

自分を話し下手だと言う人は、人前でうまく話せないと、「緊張して、うまく言葉が出なかった」「あがってしまって、何を言えばいいか分からなかった」などと理由づけをします。しかし、本当にそうでしょうか。

もちろん、それもあるでしょう。しかしそれ以前に、人前で話すに足る知識や経験を自分の中に蓄えていたでしょうか。緊張やあがり症が原因で話ができないのであれば、それに打ち勝つような努力を日頃からしていたでしょうか。

自分を話し下手だと思う人は、「自分は人前で堂々と話ができるような、充実した生き方をしているのか」と、一度振り返ってみてほしいと思います。その振り返りこそが、スピーチ力向上の第一歩なのです。

この章では、日常生活の中でできるスピーチ力向上のための心構えと行動について述べます。これらは、準備の時間がある場合でも、即興スピーチを求められた場面でも欠かせない基本です。少しずつでも、できるところから取り組んでください。

スピーチ力を上げる3つの心構え

スピーチ力を上げるために、まずは持っておきたい心構えがあります。次の3つの点を常に心がけましょう。

その3つとは、「インプット（情報収集）」「アウトプット（情報発信）」そして「メンタル強化」です。それぞれについて述べます。

1―インプット（情報収集）

日頃から社会で「話題」になっている出来事に関心を向け、その話題について効果的に語るための「話材」を集めておきましょう。

話題とはテーマのこと、話材とはそのテーマに合う自分の知識や経験、考えのことです。

例えば「最近、経済状況が悪いよねえ」と誰かに話しかけられたら、それは話題を提示されたということです。

そう話しかけられたら、多くの人が「そうですね、昨日の新聞でも株価が下がっていましたね」とか「うちの会社もボーナスが出ないかもしれません」などと何か具体的なことを言って応じるでしょう。このような、話題を深めて会話を展開させる知識や経験が、話材です。

スピーチを例にすれば、職場の朝礼で、安全管理について話をすることになったら「安全管理」が話題です。そこで、最近起こった事故について述べようと決めたら、「事故の経験」が話材です。

話材とは身近な言葉では「話のネタ」とも言われるものです。話し上手な人について、私たちはよく「話題が豊富な人」と表現します。「話のネタをたくさん持っている人」とも言います。これをもう少し詳しくすると「どんな話題についても、自分で集めた話材が豊富な人」と言えそうです。

最初のアプローチとして「話題」に関心を向け、「話材」を集める姿勢を持ちましょう。

2―アウトプット（情報発信）

インプットをしたら次はアウトプットです。集めた情報を自分でまとめて発信していきましょう。身近なところでは、会話の話題にするのも発信です。会話の席で自分から話題を提供し話をリードしたり、誰かが持ち出した話題に対して、自分なりのユニークな話材を披露したりするのも手軽なアウトプットです。

さらに、自分が関心のある話題についてブログに書いたり、ＳＮＳに投稿したりするのもひとつの方法です。ちょっとした出来事についてであっても、多くの人が見る場に自分の意見や考えを発表するのは、読む人に対するいろいろな配慮や工夫が必要ですから、人前で話す準備としても役立ちます。

さらに、職場でのアウトプットの機会を積極的に活かしていきたいものです。報告書や企画書を書いたり、会議で発言したりすることもアウトプットだと言えます。「仕事だからやらなければ仕方がない」という姿勢ではなく、即興スピーチ力を向上させるいい機会だと捉えてやってみてください。実際、**分かりやすい報告書や企画書を書ける人は、人前での話も簡潔で分かりやすい**ものです。会議で発言し慣れていれば、人前に立つのもそれほど苦にならなくなります。

身近にあるアウトプットの機会を最大限利用しよう、という姿勢で取り組めば仕事にも効果があるでしょう。

3―メンタル強化

人前で即興スピーチを披露するためには、心の強さが欠かせません。先にも述べたように、すぐに「緊張する、あがってしまう」と言う人、そしてそれを言い訳にして「自分は話下手だから仕方がない」とあきらめてしまう人は、いくら話したい内容があったとしてもスピーチ上手にはなれないでしょう。

まずは「人前で話すことなどなんでもない」という強いメンタルを養いましょう。そのためには、前項で述べたようにアウトプットの機会を増やしましょう。意見を述べたり書いたり、発表することに慣れていれば、急に立ち上がって話すことにも余計なプレッシャーを感じずに済みます。

そして「自分は情報の発信者である」という自信を養ってください。人前で話すのを嫌がる人の多くは、情報は人から与えられるものだと思っています。すると自分が何かを発言するときには「やれと言われたから仕方がない」と受け身の姿勢になってしまいます。さらに「自分の話は下手だと思われるに違いない」と後ろ向きになりがちです。このように、自分は人から指示され評価される立場だと思ってしまうと自信は持てません。

そうではなく、発言を求められたら「この機会に、言いたいことを言ってやろう」「自分が周囲に情報を与えてやろう」という積極的な気持ちで臨んでください。

即興スピーチの出来を大きく左右するのが、自信のあるなしです。「主役は自分なのだ」という自信を持って堂々と話をすれば、多少、言葉に詰まったり上手く言えないことがあったりしても、聞き手は「すごいな」と感心するものです。

3つの心構えについて述べてきました。情報をインプットし、それをアウトプットしながら強いメンタルを養っていけば、話す力は格段に伸びていきます。

ただしそのためには、心がけだけでなく具体的な日々の行動を実践し、習慣づけることが大切です。そこで次に、即興スピーチ力を上げるための習慣にしたい行動を挙げます。

それはまず「読む」「書く」「学ぶ」の3つです。これらを通じて、先に述べたインプットとアウトプットをより具体的にしていきます。

さらに、もうひとつ「鍛える」も加えたいと思います。人前での話は、頭で考えてしゃべるだけのように思われがちですが、実はスポーツと同様、全身を使う行動です。それだけに心身を鍛えることが欠かせません。これら4つについて述べていきましょう。

即興スピーチ力を養う4つの行動

1—とにかく読む

◎本を読む

情報をインプットするための王道と言えば、やはり読書です。本を読むことはぜひ習慣にしてください。

「まえがき」でトーストマスターズクラブという世界的な団体の活動について述べました。わたしはそこで数多くのスピーチ上手な人と知り合いました。また、ビジネスを通じてもた**くさんの人のスピーチを聞いてきましたが、上手な人は例外なく読書好き**です。それに対し、スピーチがなかなか上達しない人には「本を読むのは苦手、面倒くさい」という人が少なくないようです。

読書するかどうかでスピーチ力に差がつく理由は、明らかでしょう。少し考えただけでも次のようなものが思い浮かびます。

まず**知識情報が豊富になる**ことです。話題のビジネス書を読めば最新のビジネス知識が得られます。自分の仕事に関連する本を読んでおけば、ただ毎日働くだけよりも、いっそう深い知識が身につきます。話題の映画の原作小説を読んでおけば、映画についてより深く語ることができるでしょう。

また、**古典はスピーチを教養あるものに**します。聖書やシェイクスピアなどの一節をスピーチの中に引用することは、欧米の教養ある人がよく行います。日本であれば、中国や日本の古典文学からの引用が、スピーチを格調高いものにします。

次に、語彙つまり**知っている言葉、使える言葉が増える**ことが挙げられます。わたしたちが日常会話で使う言葉はごく限られていますが、本を読めば普段は使わないような言葉に触れられます。文学書を読めば格調高い言葉や、工夫した表現を見つけることができますし、論文や解説書、研究書ならその分野での専門用語に加え、物事を論理的、客観的に述べるための言葉選びも学べるでしょう。

さらにもうひとつ、**話の進め方を学ぶことができる**という点もあります。1冊の本は、前書きから第1章、そして最終章へとまとまりのある構成になっています。これを読み通すと、ものごとを述べるときの最初から最後までの流れ、つまり話の進め方が自然と分かるようになります。この流れは、スピーチにも共通するものです。2、3分程度の短い話でも、よいスピーチであれば導入から締めくくりまでには一貫した流れがあるものです。読書好きな人は、本の構成を活かして話もうまく進められるので、内容が散らばってまとまらなくなってしまうことはありません。

先に、スピーチ上手は例外なく読書好きであると述べましたが、こう考えてくるとそれは当然だと思えます。読書はスピーチの基礎力だと言っても過言ではないでしょう。

こうした読書の効用を、わたしは日頃から多くの人にお伝えしています。しかし、ときには「そうは言っても、本を読むのは苦手で……」という声を聞くことがあります。そういう人のために、気軽に本を読むための心構えを述べておきましょう。

まず、あまり欲張らないことです。本を前にすると多くの人が「最初から最後まで、全部読んでちゃんと理解しなければ」と構えてしまいます。しかし、そんな必要はありません。

わたしは、**1冊の本から最低ひとつ、できたら3つ何かを学べればそれで十分**だと考えるようにしています。ページをめくってみて、1行でも一言でも、なにか心に響いた箇所があればラッキーだと思って気軽に読みましょう。自分が関心を持って選んだ本であれば、ひとつぐらいは学びになるものがあるはずです。見つけたらそこにマークをしておきましょう。

そして、そのマークが3つついたら、もうその本を終わりにしてもよいのです。もちろん、面白ければそのまま最後まで読んでいきますが、それほど興味を引かれなければ他のもっと面白そうな本に取り換えましょう。そうやって多くの本を気軽に手に取っていけば、だんだんと本に親しみがわき、読む力もついてきます。

わたしも以前は、「全部読まなくては」と思っていましたが、この方法にしてからは、本でも新聞雑誌でも、どんな長い文章であっても読むのが楽になりました。読むことに義務感や緊張感を持ってしまうと、楽しくなくなります。それを無理にガマンしても長続きしません。楽しみを探すつもりで気軽に読んでいきましょう。

◎新聞・雑誌を読む

新聞や雑誌も、最新の情報を豊富に提供してくれる貴重な読み物です。ニュース、時事問題、流行などについて幅広く知ることができます。ネットニュースもありますが、スピーチ力を上げるには紙媒体をお勧めします。それは**関心がない情報も目に入る**からです。

ネットでは、基本的に自分が関心のあることをクリックして読んでいきます。またネットサイトは利用者がクリックした関心事を記録し、それに関連した記事や広告を選んで出してきます。つまり使えば使うほど、画面に出てくる情報は「自分好み」になってきます。それは便利ではありますが、偏った情報源になってしまう恐れがあります。

しかし新聞なら、自分の好みとは関わりなくページにさまざまなニュースが配置されています。ある事件について読んだら、ついでにあまり関心がない隣の記事も読んでしまう、興味のない商品の広告も目に入ってしまう、というふうに幅広い情報収集が自然にできるものです。こうしておくと、何か話題が出たときに「新聞で見たな」という記憶があるので、話についていきやすくなります。

さらに、新聞にはネットのニュースサイトでは得られないメリットがあります。それは記事のひとつひとつの内容や文章の質がチェックされていることです。

ネットでは、誰でも情報を投稿し公開することができます。その中には、信頼できない情報もあれば、言葉の使い方がおかしな文章もたくさん見られます。ニュースサイトであっても素人ライターに書かせた稚拙な記事を載せていることが少なくありません。

しかし、大手新聞社が発行している新聞の記事は、分かりやすく正確な文章を書けるようトレーニングを積んだ記者が、上司や校閲係のチェックを受けて書いたものです。このような**質の高い文章に数多く触れることが大切**です。

また雑誌は、自分とは異なる立場の人の考え方やものの見方を知るために役立ちます。雑誌は、広く一般に向けた新聞とは異なり、読者対象が「若い女性向け」「主婦向け」「男性管理職向け」「高齢者向け」などと細かく絞られています。そこで、あえて自分とは異なる世代や異性が読む雑誌を手に取ってみると、いろいろな発見があります。

このことは、自分とは世代や関心が異なる聞き手に対して、スピーチをする機会が多い人には特にお勧めです。例えば女性が多い職場の男性管理職であれば、女性向きの雑誌に目を通してみると、聞き手に親しまれる話の材料がいろいろと見つかることでしょう。自分の視野も広がるに違いありません。

図書館や病院の待合室など、無料の新聞雑誌が置いてある場所に行ったら、ぜひ自分の関心以外のものを手に取ってみてください。

最近、「文字を読むのは面倒」「漫画や動画でよい」という人が増えているようです。たしかに、古典小説を読まなくても、それを原作とした漫画や映画を見ればいいでしょう。新聞を読まなくてもテレビでニュースを見ることもできます。

しかし、それではスピーチは上達しません。なぜなら、スピーチは言葉によるアウトプットだからです。**情報を映像や音声でインプットしても、スピーチとしてアウトプットするときには言葉にしなければなりません。**言葉のインプットが少ない人はそれが難しくなります。

「言いたいことはあるけれどうまく言えない」という人がいますが、そういう人は、映像や音声を見聞きして分かったつもりになっているだけでは、と振り返ってみてほしいものです。常日頃から言葉を仕入れておかなければ、言葉を出すことはできません。

読むことを面倒くさがる人には、即興スピーチはできないのです。このことを肝に銘じて、「継続は力なり」の精神で、ぜひいろいろな文章に接してほしいと思います。

2―いつでも書く

◎話のネタ帳を作る

話を効果的にしてくれる話材は、自分の日常生活の中にあります。日々、生活の中で出合った出来事、感じたこと、考えたことを忘れてしまうのではなく、「これ、スピーチのネタになるかも」という視点で記憶に残し、役立ちそうなものはメモしておきましょう。「ネタ帳」として専用のノートを作ってもいいですし、友達に伝えたり、SNSにちょっと投稿しておいたりしても記憶に残り役立ちます。頭の中にネタ用の引き出しを作って入れておくつもりでメモするとよいでしょう。

話材はほんの小さなことで構いません。身の回りのさまざまな出来事、誰かのちょっとした一言が、スピーチのネタになります。それについて、ひとつわたしの経験をお伝えします。

わたしはあるとき、セミナー講師の仕事で「人間関係における共感の大切さ」について講義することになっていました。「何を話そうかな」と悩みつつ机に向かっていましたが、なかなかいい考えが浮かびません。猛暑の時期で、気分転換をかねて近所のコンビニに飲み物に入れる氷を買いに行くことにしました。

しかし、氷は売り切れのようです。店員さんに尋ねても「ないです」とそっけなく言われ、しかたなく別のコンビニに行きました。するとそこでも氷は売り切れ。でもひとつ大きく違ったことがありました。レジで「氷、売り切れですか？」と確認したらレジを担当していた女性がこう言ったのです。

「暑くて一番欲しいときなのにね、ごめんなさいね」

これこそ共感のよい話材、実例です。わたしはその女性の言葉を忘れないように急いで家に帰り、メモしました。そして、この出来事を話材にした講義は「身近な例で分かりやすい」と好評を得ることができたのです。

このように、**「ネタにならないか？」という問題意識を持っていると、周りのなにげない**

出来事や人の言葉が、話材の宝庫になってきます。

わたしの頭の引き出しには、こうしたちょっとした出来事や誰かの発言がいくつも入っています。自分の失敗や勘違い、電車の中やカフェでたまたま耳にした他の人同士の会話、テレビでタレントが言ったことなど、印象に残っているものをいくつも思い出せます。

また、いらいらしたり腹が立ったりしたことも、意外にいいネタになります。「この経験をもとに、どんなスピーチをしてやろうか」と思えば、不愉快な出来事も客観視でき、嫌な気持ちを引きずらなくなる効果もあります。

日常の出来事をばくぜんと忘れてしまうのではなく、メモして活用する習慣をつけましょう。

◎本にメモをする

前項で書いたように、本を読むことをお勧めしますがメモを取りながらだと、さらに効果的です。

本を読むとき「いいな」と思ったところに線を引いたり、気づいたり、考えたりしたことを書き込んでおけば、本自体が役立つメモになります。これも、あまり気構えないでやるのがコツです。わたしのやり方をご紹介しましょう。

まずは、本を読むとき、筆記具を用意して手元に置きます。ばくぜんとではなく、**メモするところを探すつもりで本を読む**わけです。筆記具は鉛筆でも3色ボールペンでも、蛍光色のマーカーでも、自分の好みで選んでください。わたしは、シンプルに赤一色のペンにしています。いろいろ取り換えると煩雑になり、メモをするのがおっくうになるからです。続けやすさを考えて、自分にあった筆記具を使ってください。

そうして、本を読んで「いいな」と思ったところがあったら、目立つ色で線を引いたり印をつけたりします。印象に残った文章に波線や二重線を引いたり、鍵かっこでくくったり、自由にやってみましょう。考えすぎず、直感でつけていきます。

「これは大事だな」と思う部分は、段落ごとに線で囲んだり、矢印で他の部分と関連づけたりなど書き込んでいきましょう。マルや三角、星形などいろいろな記号を使ってみるとさらに目立ち、楽しさも増します。

加えて、読みながら、文章に触発されて抱いた感想やアイデア、またそこから広がっていく考えも書き込んでいきましょう。その本の内容とは関係ないことでも、ひらめいたら書いておきます。ひらめきが生まれるのは、その本を自分が考えるきっかけとして主体的に活用できた証拠です。

このようにして、**本にどんどん書き込んでいくことで、本の内容が自分のものになり即興スピーチの場でも活かせる情報、知識になります。**

みなさんの中には、「本は図書館で借りるからメモできない」とか「せっかく買った本を汚したくない」という人もいると思います。そういう人は、大事なことが書いてあるページに付箋をつけましょう。

線を引いたり印をつける代わりに小さな付箋を貼ったり、大判の付箋を用意して気づいたこと、ひらめいたことを書きこんで貼りつけておくとよいでしょう。図書館を利用している人は、返却するときにその大判付箋に本のタイトルも書き込んで残しておけば、話のネタ帳にも、読書記録にもなります。

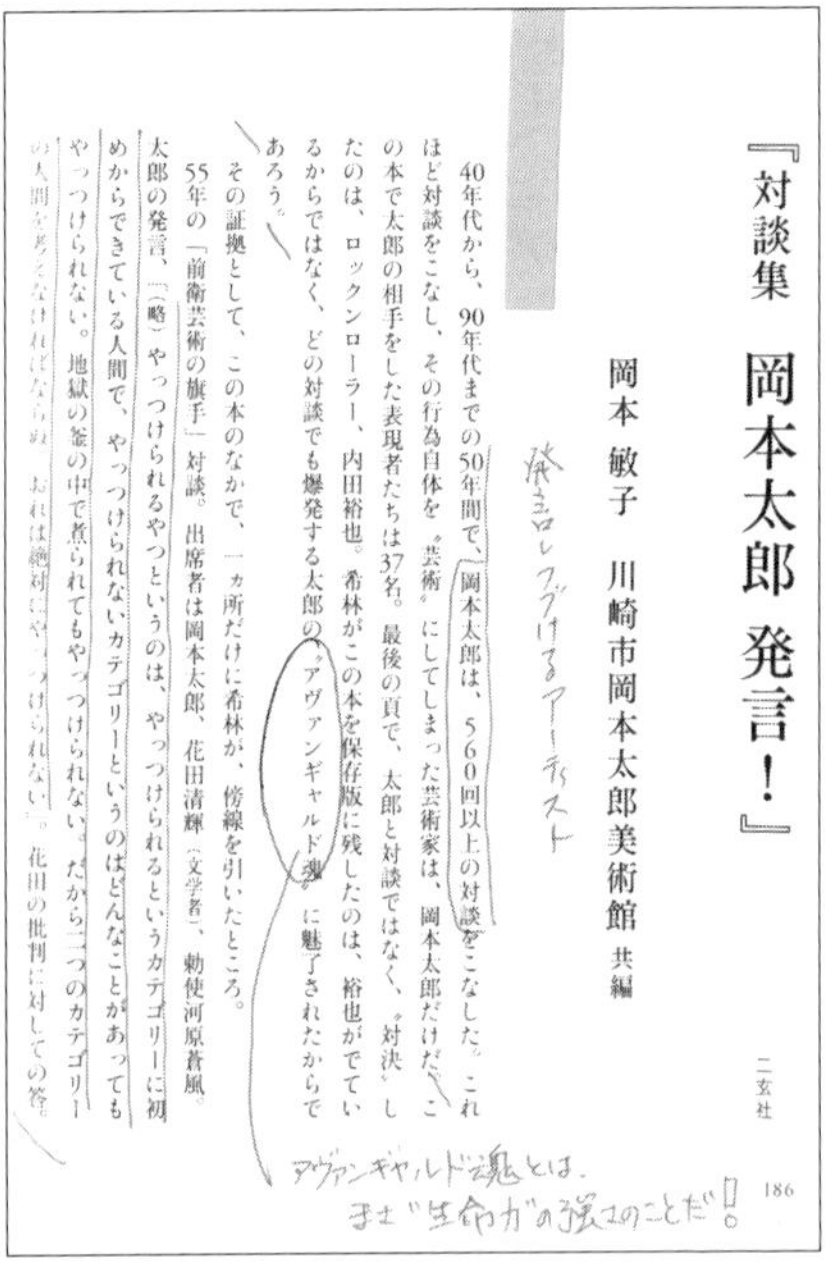
『対談集　岡本太郎　発言！』

岡本　敏子　川崎市岡本太郎美術館　共編

40年代から、90年代までの50年間で、岡本太郎は、560回以上の対談をこなした。これほど対談をこなし、その行為自体を〝芸術〟にしてしまった芸術家は、岡本太郎だけだ。この本で太郎の相手をした表現者たちは37名。最後の頁で、太郎と対談ではなく、〝対決〟したのは、ロックンローラー、内田裕也。希林がこの本を保存版に残したのは、裕也がでているからではなく、どの対談でも爆発する太郎の〝アヴァンギャルド魂〟に魅了されたからであろう。

その証拠として、この本のなかで、一ヵ所だけに希林が、傍線を引いたところ。55年の「前衛芸術の旗手」対談。出席者は岡本太郎、花田清輝（文学者）、勅使河原蒼風。太郎の発言、「（略）やっつけられるやつというのは、やっつけられるというカテゴリーに初めからできている人間で、やっつけられないカテゴリーというのはどんなことがあってもやっつけられない。地獄の釜の中で煮られてもやっつけられない。だから二つのカテゴリーの人間を考えなければならぬ。おれは絶対にやっつけられない」。花田の批判に対しての答。

二玄社

186

椎根和著『希林のコトダマ』より

わたしは、読書に関するブログを作っていて、そのため本にメモしたところには付箋も貼りつけています。あとで読み返すときに付箋があるところを開けば、そこにさまざまな書き込みがあることで、すぐに内容を思い出せ便利です。

◎ブログを書く

メモを書きためたら、それをもとに文章を書いてみましょう。それを人に読んでもらう機会を作ると効果的です。その代表的なものとして、ブログを提案します。

日々の出来事を日記風につづったり、自分の趣味や関心事についての記録を残したり、意見を述べたりなどブログはいろいろな使い方ができます。先に述べた、日常生活で見つけた話材を記録しておく場としても役立ちます。

ＳＮＳへの投稿でもよいですが、ブログの長所はある程度のまとまった内容を記事として書き残すことができるところです。独り言のような断片的なつぶやきと、短くても記事として書かれたものとでは、やはり内容構成が違ってきます。**まとまりのある文章を書き続けることが、スピーチ力の基礎を作ります。**

その基礎力を固めるためには、自分の好きなことを好きなように書くのではなく、作家やエッセイスト、ライターになったような気持ちで、読み手を意識して書いてください。「どうやったら分かってもらえるだろうか」「もっと面白い表現はできないか」と工夫すれば、それがとっさの発言やスピーチにも活かされます。

さらに、ある程度まとまった文章を書くと、文字数と話すスピードの関係にも意識が向くようになります。一般に、**アナウンサーが1分間で話す文字数は300~350文字程度**と言われています。800文字のブログ記事が書ければ、それは3分間スピーチの原稿としても活用できることになります。

日頃、文章を書く習慣がない人が「3分間話をしてください」と言われたら困ってしまうでしょう。しかし1回400字程度であっても、文章を書き慣れていれば「短いブログ2つ分くらいしゃべればいいんだな」と、内容と時間の見当をつけることができます。このように、情報量と話すためにかかる時間の感覚が身についていれば、それもまた、即興スピーチをする場面で大きなメリットです。

わたし自身もブログを書いています。先に述べたように、わたしは読書好きなので、読んだ本の紹介や感想、評論のような文章を載せています。2012年の秋に始め今も継続中で、すでに500冊以上の本についての記事を書きました。

「1冊本を読むだけでも大変なのに、よくそんなに書けますね」と感心したり驚いたりされることも多いですが、好きな本を気軽に読んで、自由にメモをしたり付箋を貼ったりと楽しんでいますから苦にはなりません。

本のメモから生み出されたこのブログが、わたしの話す材料の貯蔵庫と言えるかもしれません。

3 たくさん学ぶ

◎話のプロに学ぶ

なにごとも上達には、お手本になってくれる人が必要です。落語家や漫才師、アナウンサーやキャスター、コメンテーターなど、話のプロを見習ってみましょう。

スピーチやプレゼンテーションが上手な人の中には、落語好きな人がけっこういます。有名な政治家や経済人にも「勉強のために寄席に行く」と言う人が少なくありません。落語は、ひとりで座ったままで手ぬぐい、扇子と限られた小道具だけを用いて行う話芸で、説明する部分と登場人物のセリフを言う部分との声の変化、間の取り方、表情や態度など、さまざまな表現が工夫されています。こうした表現をスピーチに取り入れると、活き活きと変化に富んだ話しぶりとなり、聞き手を惹きつけることができるようになります。

また営業トークや、雑談の席での話など、相手の反応に応じて会話を進めることを学ぶときは漫才も役立ちます。最近は、研修に漫才を取り入れ、顧客との会話を盛り上げるためのコツを社員に身につけてもらおうとする企業もあるそうです。これは、LINEやメッセンジャーを通じたネット上でのやりとりが主流になり、実際に人と会って話すのが苦手な人が増えてきたことが背景にあるようです。相手と呼吸を合わせ、お互いの発言をうまく受け止めてユーモアを交えながらテンポよく会話を展開させていくには、漫才がいいお手本になるでしょう。

その他、有名経営者をお手本にプレゼンテーションをしてみたり、ニュースキャスターになったつもりで社会での出来事について語ってみたりするのもよい練習になります。

プロに学ぶのは、話すスキルを身につけるためもありますが、もうひとつ大切なのが**「この人のような話し方をしたい」という自分の理想像をはっきりさせる**ためでもあります。

上手な話し方とは、ひとつではありません。先に落語や漫才の例を挙げましたが、話す内容や立場によっては、そうした笑いを誘う話芸に学ぶことが不向きな場合もあるでしょう。

自分が目指す上手な話し方とはどんなものか、をはっきりと定め「この人のような話し方をしたい」と思える人を見つけ、その人に学んでください。自分が理想とする話し方、つまり目標がはっきりすれば、現状を改善するためのポイントや必要なスキルも明確になります。

◎趣味や学習に取り組む

なんでもいいので「これをやっています！」と言えるものを持ち、継続的に取り組みましょう。自分の好きな趣味や学習、例えば楽器演奏でも英会話でもいいですし、旅行や食べ歩きでも、山歩きのようなアウトドア系でも、なんでも結構です。

大事なのは、自分が本当に好きで長く取り組めるものをひとつ持つことです。それについてだったら何時間でも語れる、というものを持ってください。

当たり前ですが、話す力は、話したい内容がなければ向上しません。「何も言いたいことはないが、スピーチが上手になりたい」という人がもしいたら、上手になるために努力するのはとても苦痛だろうと思います。**どうしても伝えたいことがあるからこそ、「なんとか上手に話したい」という熱意や意欲が生まれてきます。**好きなものを持っている人は、それについて人に話したいという気持ちを誰でも多かれ少なかれ持っていますから、それがスピーチにもよい影響を与えるのです。

まずは「何か好きなことについて話してください」と言われたときに「それなら！」と喜んで語れるものを持ちましょう。そうして楽しく話をして聞いてもらえた経験があれば、仕事だから仕方なく苦手な内容を話さなければならないような場面でも、その経験を活かして前向きに取り組むことができるでしょう。

さらに、何かを長く続けることにはもうひとつ大事な効果があります。それは、**何であろうと趣味や学びを長く続けている人の言葉には、説得力が備わる**ということです。

なにかを長く続けるというのは、簡単ではありません。うまくいかなくて途中で投げ出したり、ときには時間が作れなかったりでやめてしまうことはよくあります。それを乗り越えられる持続力や忍耐力、意志の強さは、周囲の人から尊敬されるひとつの要素となります。

誰でも、尊敬できる点のある人の話には耳を傾けようと思うものです。それが得意な趣味や学びについての話題とはぜんぜん違う内容であったとしても、何かを続けられる力の持ち主であることは、内面の魅力となって話しぶりに表れます。

4 — 身体を鍛える

◎スポーツや筋トレをする

スピーチとスポーツは、一見無関係なようですが実はよく似ています。どちらも身体を使ってやることで呼吸や筋肉の力を使い、コントロールして行います。また野球やサッカーのような対戦競技では、相手の動きに合わせたとっさの反応が求められます。話も、上手と言われる人は、聞き手の関心事や反応に合わせて臨機応変に話題や言葉選びを変えたりできるものですから、この点でも共通点があると言えるでしょう。

定期的にスポーツや筋トレなどをして身体を鍛えておくことは、スピーチ力の向上に効果的です。まず、鍛えることで姿勢、体格がよくなり見た目もかっこよくなります。体つきが健康的に引き締まっていると、発言も力強く説得力のあるものと受け取られます。心肺機能が高まることで、大きく通りのよい声も出せるようになります。

またメンタルを強くするにも、スポーツや筋トレは効果があります。練習やトレーニングの辛さを乗り越えて身体を鍛えているという自信は、人前に立ったときにも自分を支えてくれるものとなるでしょう。日頃から苦しい練習に耐え、ときには自分の目標としていた結果やタイムが達成できなかった悔しさをかみしめるなど、スポーツやトレーニングを通じてさまざまな経験をしていれば、「人前でたった数分話すことなどなんでもない」という気持ちになれるものです。

わたしのスピーチを通じての友人や知人にも、年に何度もマラソン大会に出場する人やジム通いを欠かさない人などスポーツ愛好家がたくさんいます。わたし自身ももう10年以上、朝、近所のプールに通っています。また、最近は空手も始めました。なかなか引き締まった身体にはなれませんが、どんな運動でも身体を動かすことは、人前での話に効果があると実感しています。

スピーチ力を高めるための3つの心構えと4つの行動について述べてきました。社会の在り方や出来事に関心を持ち、読み、書き、学び、身体を鍛える。そして、そうした活動を日々、続けてゆく。これは、積極的、前向きに生きていこうとするビジネスパーソンであれば、誰でもしたいことではないでしょうか。

即興スピーチのためという狭い目的ではなく、自分の人生を充実させるためにこうした心構え、習慣を持ち続けていきましょう。そうすれば、いきなり発言を求められても慌てることなく堂々と落ち着いて立派な話ができる、尊敬されるビジネスパーソンになれます。

これらの心構えと行動を基本として、この後の章で、即興スピーチ力を効果的、効率的に身につけるための知識やスキルを、さらに学んでいきましょう。

第2章　基本スキル編1

即興スピーチは見た目と声で評価される

記憶に残るのは内容より印象

人前で話をするとき、ほとんどの人は「どんな内容、どんな言葉遣いがいいのか」を一生懸命考え、気を遣うものでしょう。しかし、実は大事なのはそこだけではありません。話をしている人の姿勢や態度、表情、それに声の大きさや調子など、言葉以外の印象が聞き手に大きな影響を与えます。

誰かの話を聞いたときのことを思い出してみてください。例えば、研修で講義を受けたり朝礼で上司の訓話を聞いたりしたことをあとで思い起こしてみると、まず思い出されるのは、話の内容ではなく、印象ではないでしょうか。

「ぼそぼそした声で聞きにくかったなあ」とか「やたら偉そうな態度でしゃべっていたな

あ」などの印象は強く覚えているけれど、話の内容はすっかり忘れてしまった、ということもよくあります。

話のうまい下手を判断するときにも、わたしたちは内容よりも、印象を重視します。

「とてもスピーチがうまい人」を想像してみてください。その人は、小さな声でうつむきながら話をしているでしょうか。誰が想像しても、その人はしっかりと顔を聞き手に向け、堂々とした態度で、はきはきと大きな声で話をしているに違いありません。

このように、聞き手に「スピーチがうまいなあ！」というインパクトを与え、高く評価されたいのであれば、**まずは自分の見た目や声をよくする**必要があります。

「メラビアンの法則」という心理学の説があります。

人が対面でコミュニケーションをとるときに、わたしたちは相手が発する言葉に加えて、目や耳で感じ取る様子からも、相手の意図や真意を汲み取ろうとします。「言葉」「視覚」「聴覚」の3つの要素から得られる情報を総合して相手の意図や真意を判断するとしたら、それぞれがその判断にどの程度の影響を及ぼしているでしょうか。それを数字で表したものが「メラビアンの法則」です。

それによると、**わたしたちがコミュニケーションで影響を受ける割合は、ある判断を100%だとすると、言葉が7%、聴覚が38%、視覚は55%**だそうです。なんと93%が視覚と聴覚、つまり感覚的なもので占められ、言葉は1割にもなりません。

意外なようですが、この数字はわたしたちの日常生活の体験に照らしても、納得できるものです。

例えば、わたしたちが誰かにプレゼントをあげて、その相手が「ありがとう」と言ったと想像してみてください。「ありがとう」は感謝の言葉ですが、もし相手がしかめっ面で、不機嫌そうな暗い声でそう言ったとしたらどうでしょう。誰でも「感謝は口先だけ、本心では迷惑がっているのだな」と判断するに違いありません。こういう場面を考えてみれば、言葉が7%の影響力しかないというのも納得できるでしょう。

このように、まずは視覚と聴覚、つまり**態度や表情などの見た目と声を効果的に整えることが、スピーチの成功には欠かせません。**

特に即興スピーチでは、この感覚的な印象が成功、不成功を分けると言ってもいいでしょう。なぜなら、いきなり準備なく話し出すわけですからほとんどの人が驚き、慌ててしまいます。その心の動揺は、なんらかの形で見た目や声に表れるものです。そわそわした態度になったり、顔がこわばったり、声がうわずったりふるえたり……。

こんな様子になってしまっては、どんなにきちんとした言葉で立派な内容を述べたとしても、周囲の人は「あの人、焦っていたよね」としか思わないでしょう。逆に、**何を話したとしても、態度が堂々としていれば周囲は「落ち着いている、話がうまいんだな」と感心する**ものです。

もちろん、言葉がどうでもいいというわけではありません。礼儀正しい言葉遣いや内容の深さ、表現の工夫など言葉の要素も大切です。特に、長く話をしていればその面での影響力が増してきます。

しかし、それもまずは見た目と声でよい印象を与えていてこそ、です。見た目と声の印象が悪い人が、言葉だけどんなにいいことを言っても聞き手の記憶には残らないとは、先に述べた通りです。

いざというときのために、これから視覚面と聴覚面について改善するポイントを押さえていきましょう。

見た目からスピーチの印象をよくするには

見た目は、「服装・身だしなみ」、「表情・アイコンタクト」、「姿勢・動作」の３つの面に分けられます。それぞれをチェックしていきましょう。

服装・身だしなみ

その場に合った清潔感のある服装、身だしなみが大切なことは、ビジネスシーンであれば、言うまでもありません。職場の朝礼スピーチで、どんなにいい話をしても職場規定通りの服装やヘアスタイルでなければ、聞き手は「口先で立派なことを言っても信用できない」と思うことでしょう。社外の集まりでも、場違いに派手であったり地味すぎたり、カジュアルすぎる服装であったりすれば、話にも説得力はありません。

人が集まる場に参加する際には、いつ即興スピーチをすることになっても困らない服装、身だしなみにしておきましょう。

人前での話を効果的にする服装や身だしなみのポイントには次のようなものがあります。

◎見た目で注意を引かない

誰でも、相手の見た目に気を取られてしまうと話を集中して聞くのは難しくなります。先に述べたように、清潔感がなかったり場にそぐわなかったりすることがNGであるのと同様、必要以上に高級品を身につけたり華美に装うのも、聞き手の気を散らしてしまいます。話す力をアピールしたい場面では、**相手から「特に目立つところはないが、全体的に感じがいい」と思われるように**しましょう。

◎無駄な動きを出さない

服装やヘアスタイルによっては、話しながら無駄な動きが出てしまうことがあります。例えば、髪が長くて顔にかかっていれば、それを手で払いながら話すことになりますし、服のサイズがあっていなければ、気になってズボンを引き上げたり、袖を引っぱったりしたくなります。こうした無駄な動きは、やはり聞き手の気を散らしてしまいます。**手を触れて直す必要がないヘアスタイル、服装に**整えておきましょう。

◎消極的な印象を与えない

「消極的な人なのでは」と思われるような外見も避けたいものです。地味な服装で、特に相手の目に入りやすい上半身、顔周りに黒い色があると表情も暗く見えます。シャツや襟元を白いものにしたり、男性ならネクタイ、女性なら胸元のアクセサリーなどで色味を加えたりなど、明るさを演出しましょう。

また、髪で目や耳をおおうのもよくありません。目、耳はコミュニケーションに直結する部分なので、そこをすっきりと相手に見せることでオープンな姿勢がアピールできます。

表情

話をしている人がどんな表情で、視線をどこに向けているかは聞き手に特に大きな印象を与えます。

はじめに表情について述べます。

表情は、まずはリラックスを心がけましょう。緊張で固まってしまったり、うつむいたりしていては聞き手も安心して話を聞けません。

そうは言っても「緊張してしまいリラックスなどできない」という人も少なくないでしょう。慣れないことをすると、どうしても緊張します。そのためには、**人前で話す機会を増やし場数を踏むことが大切ですが、それに加え、表情筋のストレッチをしておくと効果があります。**

よく緊張し気負っている状態を「肩に力が入っている」と言いますが、そんなときには顔の筋肉にも無駄な力が入っているものです。身体にするのと同じように、顔のストレッチをすれば無駄なこわばりがなくなり、柔らかい表情になります。

次のようなストレッチをやってみてください。鏡の前で顔の動きを確認しながら行うとより効果があります。

◎表情筋ストレッチ

①口も目もできるだけ開いて、顔全体を大きく動かす。顔全体が後ろから引っぱられているようなイメージで。

②口をすぼめ目も小さく細める。顔のパーツを中央に集めるようなイメージで。

③右の頬の筋肉を引き締め、顎も右側に寄せるようにする。顔のパーツを右側に集めるようなイメージで。

④左側に向かって③の動作を行う。顔のパーツを左側に集めるようなイメージで。

顔の筋肉の動きを感じながら、何回か繰り返してやってみましょう。

◎表情トレーニング

顔の緊張をほぐしたら、次に自分の思うような表情になるトレーニングをしてみましょう。

スピーチは、内容と表情が合っていてこそ説得力が増します。楽しい話をしているのに顔が緊張で固まっていては、楽しさは伝わりません。まじめな話をしているのに照れくさくてニヤニヤしてしまったり、お詫びの場面で、真剣に反省しているのに相手にはふてくされた顔に見えたりしては、誤解を招いてしまいます。

気楽な日常会話では、心で思っていることが自然と表情に表れますが、急に人前で立って話すことになると、なかなかそうはいきません。日頃から「より気持ちが伝わる表情をしてみよう」と意識し、トレーニングをしておくことでいざというときに役立ちます。

〈基本の穏やかな笑顔〉

一般的に、**人前で話すときにはリラックスした表情を見せたい**ものです。特に懇親会やパーティなどの明るい雰囲気の集まりには、穏やかな笑顔がマッチします。まずはこの表情を保って話ができるようにしましょう。

- 目はしっかり見開きます。少し目尻に力を入れて下げるイメージで。
- 口角に少しだけ力を入れて上に上げましょう。

〈満面の笑み〉

宴会や祝賀会などの楽しく盛り上がっている中であれば、話し手も笑顔で登場しましょう。気軽なユーモアやジョークで聞き手とともに笑い合いながらの話をする際には、表情も満面の笑みにします。

・目は目頭も目尻も下げ、アーチ型になるようにぎゅっと細める。
・口はできるだけ大きく開け、口角は思い切り上げる。
・顔を両方のこめかみから引っ張り上げるようイメージする。

〈優しい笑み〉

聞き手から「優しそうな人だなあ」と思われる表情です。職場で若手や新人に向けた話をする際や、難しい内容を説明するときなどに心がけると聞き手から親しみを持たれます。

・顔の中心に力を入れる。
・目は力を抜いて細める。目尻は下げない。

・口は閉じ、口角をほんの少しだけ上げる。

〈感激した表情〉

受賞や成功を祝う席で、主役になる人への尊敬を表したり、自分が表彰されて感謝の言葉を述べたりする場面での表情です。喜びだけでなく、目力でやる気や前向きな気持ちを伝えましょう。

・顔の中心に力を入れる。
・目は見開いて、目頭に力を入れる。
・口は軽く開いて口角を上げる。

〈真剣な表情〉

聞き手を説得したい場面、あるいは深刻なテーマについて述べるときには真剣な顔になりますが、聞き手から見ると「怖い顔」や「暗い顔」、「無表情」になりがちです。顔からもメッセージを発していることを特に意識したいシーンです。

・顔の中心に力を入れる。特に眉頭、目頭、鼻の先に力を込めるイメージ。
・言葉を発しないときには歯を食いしばる。

〈謝罪や後悔の表情〉

自分のミスが問題になっている会議や、反省会などで発言を求められた際には、特に表情が大事です。「ふてくされている」とか「落ち込んでいる」と思われないよう、目をそらしたりうつむいたりせず、前を見て発言しつつ、表情で気持ちを伝えましょう。

・基本的に真剣な表情同様、目頭と鼻の先は力を入れる。
・力を抜いて眉尻は下げる。
・口は唇の中央に力を入れて引き締める。

このように、**自分の顔の動き、表情に意識を持つことによって表現力がアップし、話の内容がより聞き手に伝わりやすくなります。**

「話すだけで精一杯、表情にまで気が回らない」という人や、「表情なんかどうでもいい」

と思っている人と比べると、同じ話をしても格段の差がつくものです。話すスキルのひとつとして、自分の表情を豊かにしていきましょう。

アイコンタクト

アイコンタクトとは目を合わせる、つまり聞き手にしっかり目を向け、お互いに目でコミュニケーションを取りながら話をすることです。

どんなに話の内容が良くても、視線がきょろきょろとさまよったり、天井や床を見たりしていては話し上手とはいえません。**聞き手に目を向けることは、話し手の自信や真剣さを伝える大切なポイント**です。

次の点に注意し、実行してください。

◎水平よりも上は見ない

話すときはまっすぐ前を見て、視線を上に向けないようにしましょう。特に、自分は立って聞き手が座っている場合は、視線はやや下向きになるはずです。水平よりも視線を上にすると、話し手の顔を見ている聞き手の視線とのずれが大きくなり「目が泳いでいる人」という印象を与えてしまいます。

◎聞き手全体を見回す

聞き手が大勢であると、どこを見たらいいか分からなくなります。そうなるとつい天井を見たり、あるいは、よくうなずいてくれる人ばかりに向かって話したりということになりがちです。

聞き手の誰もが「自分に向かって話しかけてくれた」と感じるような視線配りができれば、話の効果が上がります。一定の順序をもって聞き手全体を見回すようにしましょう。

聞き手の座席が教室型の場合とロの字型の

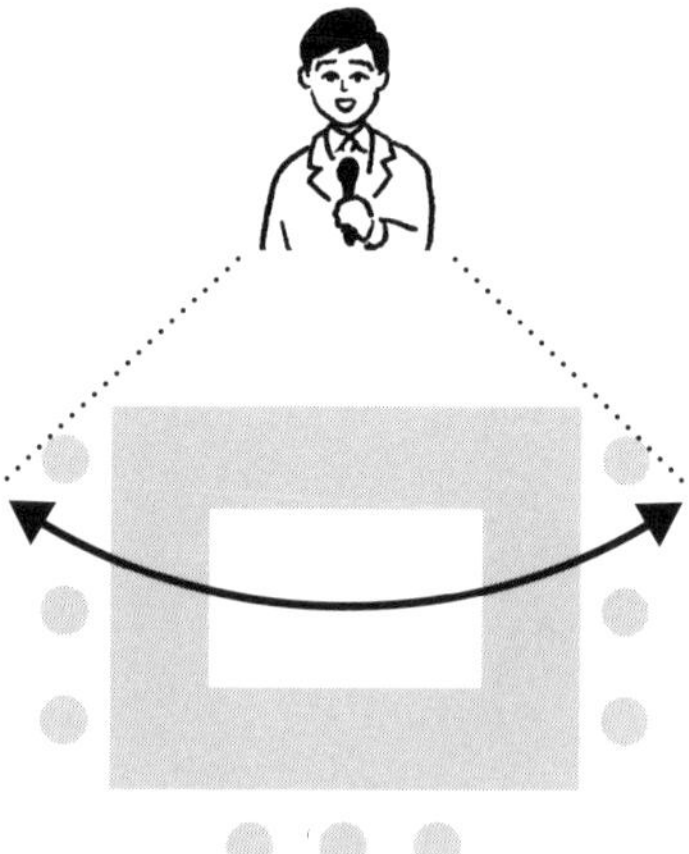

ロの字型の場合
正面を中心に、自然に両側に向ける。

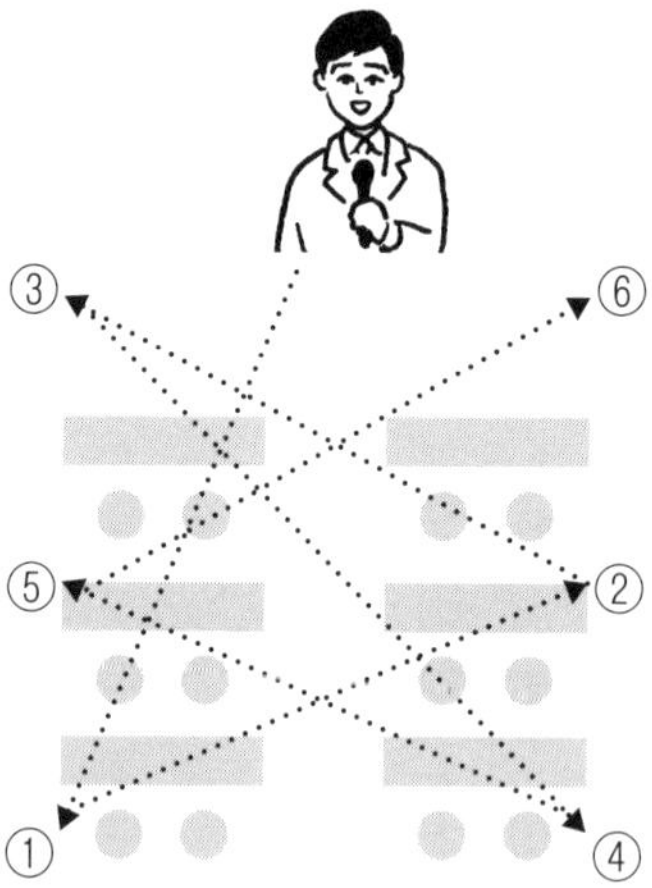

教室型の場合
奥から前へ、ジグザクに視線を向ける。

場合の視線配りの順序例を示します。

◎センテンスで視線を移動する

聞き手が大勢の場合、「みんなの顔を見なければ」と、ひんぱんに視線を動かすと落ち着きのない印象を与えます。それを防ぐには、**ひとつの文を言い終えたら視線を動かす、と心がけておく**とよいでしょう。

「（前方を見て）それでは（左側を見て）お話を（右側を見て）させていただきます」と区切りごとに視線を動かすのではなく、「（前方を見て）それではお話をさせていただきます。（左側を見て）今日のテーマは、健康管理です。（右側を見て）健康管理と言いますと～」と、ワンセンテンスを言い終

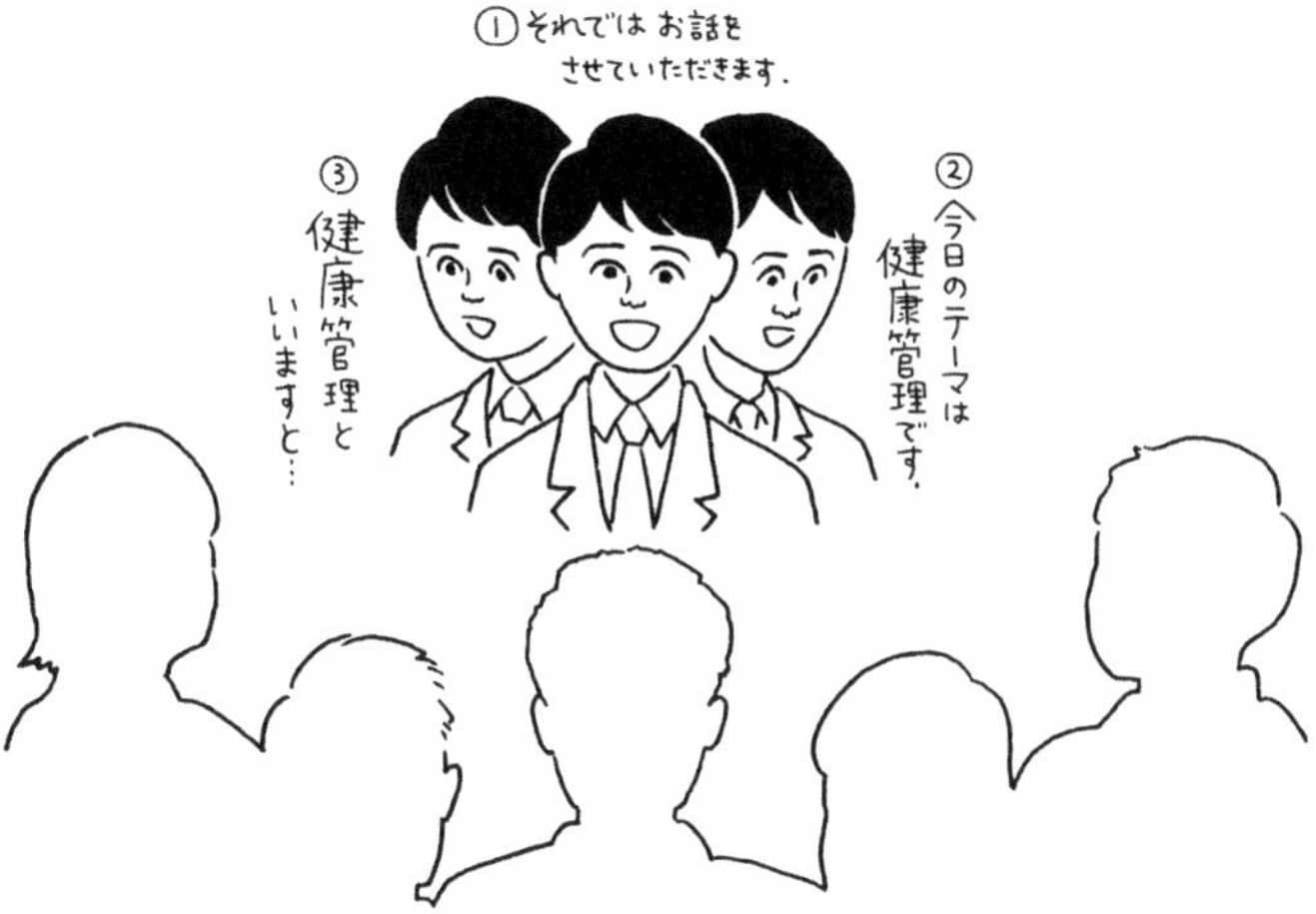
①それでは お話を
させていただきます。
②今日のテーマは
健康管理です。
③健康管理と
いいますと…

えたところで視線を動かします。

このようにすると落ち着きが感じられ、さらに「ワンセンテンスを短く話そう」という心がけも生まれるので、より分かりやすい話し方になります。

姿勢・動作

歩き方や立ち方、話しているときの姿勢や動作など身体全体から感じられる印象も大きなものです。特に、人前に立つと全身が見えます。**話しているときだけでなく、マイクの前まで歩いていったり、話し終えて席に戻ったりする動作も、話の良し悪しに影響します。**話の前後も含めて、聞き手にアピールできる姿勢、動作を保ちましょう。

次のようなポイントに注意し、実践してください。

◎ゆったり堂々と歩く

席から話す場所へ移動するときは、ゆったりとした歩幅で背筋を伸ばしまっすぐ前を見て堂々と歩きましょう。小さな歩幅でちょこちょこと歩いたり、さも嫌そうに足を引きずったりすると印象を損ないます。猫背になったり、頭をかいたりなど余計な動作もしないよう気をつけてください。**「人前で話すことなどなんでもない」という余裕を感じさせる**ようにしましょう。

◎**礼儀正しさを示す**

移動中に、役職者や社外の人、司会者などの前を通るときには、いったん立ち止まり軽く背中を傾けて一礼します。歩きながらぺこぺこと頭だけを下げると落ち着きなく見えます。無視していないことを示す礼なので深く頭を下げる必要はありません。話す場所へ移動する、**短い時間の中で折り目正しさを見せることは、聞き手に、これからの話に対する期待を抱かせます。**

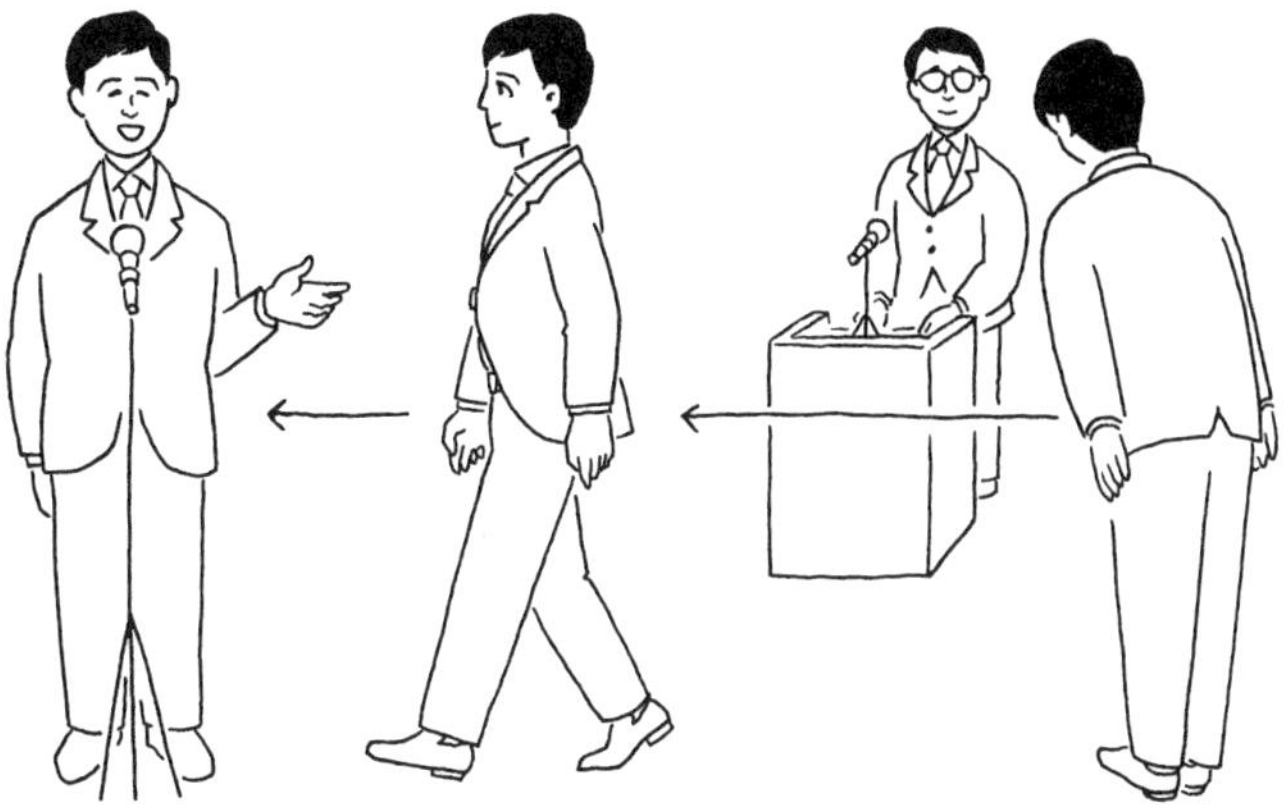

◎お辞儀と挨拶は分けて行う

話始めにお辞儀と挨拶をする場合は、まず挨拶の言葉を全体に向かって述べ、その後にお辞儀をすると効果的です。このように言葉と動作を分ける挨拶を「分離礼」と言います。頭を下げながら挨拶の言葉を述べるものは「同時礼」です。

同時礼をすると、挨拶の言葉をうつむいて床に向けて発することになります。**分離礼をすれば聞き手にしっかりと視線を向けて発声できる**ので、声の通りもよくなります。背すじをしっかりと伸ばして行うとさらに礼儀正しさを感じさせます。

◎マイクの扱い方

会場が広く、マイクがある場合にはその扱い方もポイントになります。カラオケとは違いますので、

話し方に品格を添えるようにしたいものです。

大切なのは、**マイクと口元の距離をうまく取る**ことです。口に近づけすぎると呼吸の音が入って聞き苦しくなることがあります。口に対してまっすぐに持ち、斜めにしたり高く掲げたりしないようにしましょう。

スタンドマイクは、自分に合った高さに調節します。スタンドからマイクをはずして手で持ってもかまいません。マイクがちゃんと入っているかどうかチェックしたい場合は、「後ろまで聞こえていますか？」ときちんとした言葉を発して確認しましょう。マイクの頭をコンコン叩いたり「あー、あー、テスト、テスト」などと言う人がいますが、これでは聞き手の耳障りとなり、話に対する期待感まで削いでしまいます。

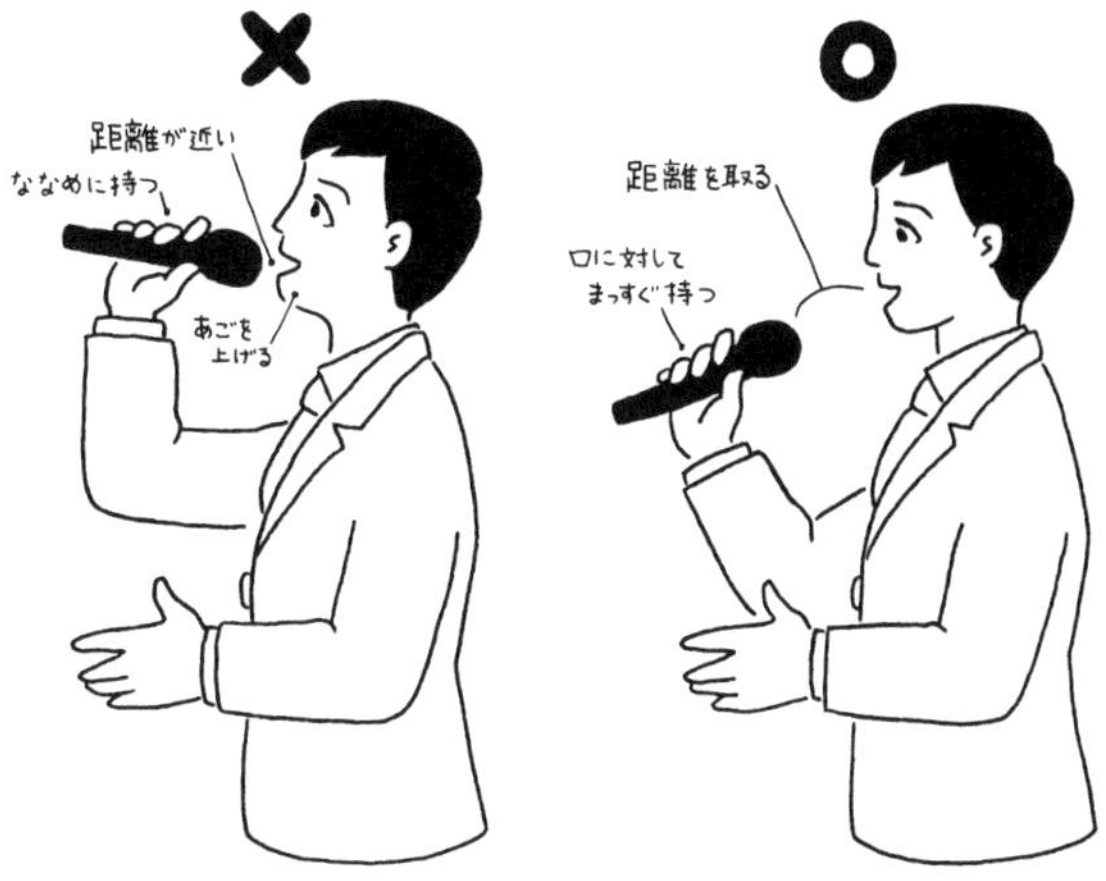

◎手の動きで表現力をアップ

即興スピーチは、パワーポイントや配布資料など、見せて話を分かりやすくするツールは使うことができません。そこで活用したいのが手の動きです。手を使った身振りで話の内容を分かりやすく、聞き手に印象深いものにしましょう。

次のような表現ができます。

- 数を示すときは「ポイントは3つあります」と言いながら指を三本立てる。
- 形状を示すときは「こんな形、このくらいの大きさです」と手で形を作る。
- 変化を示すときは「どんどん増えていいます」と手を高くする、右肩上がりのグラフをなぞる動きをする。「減っている」場合はその逆の動きをする。
- 指示方向を示すときは「あちらをご覧ください」と方向を手で指す。指差しではなく、指を揃えて手のひらを見せると丁寧な印象になる。
- 促しや共感を示すときは「皆さん、いっしょにやりましょう」と聞き手側に手を差し伸べる。

こうした動きを効果的にするためには、動きの要所でぴたりと留め、メリハリをつけるよ

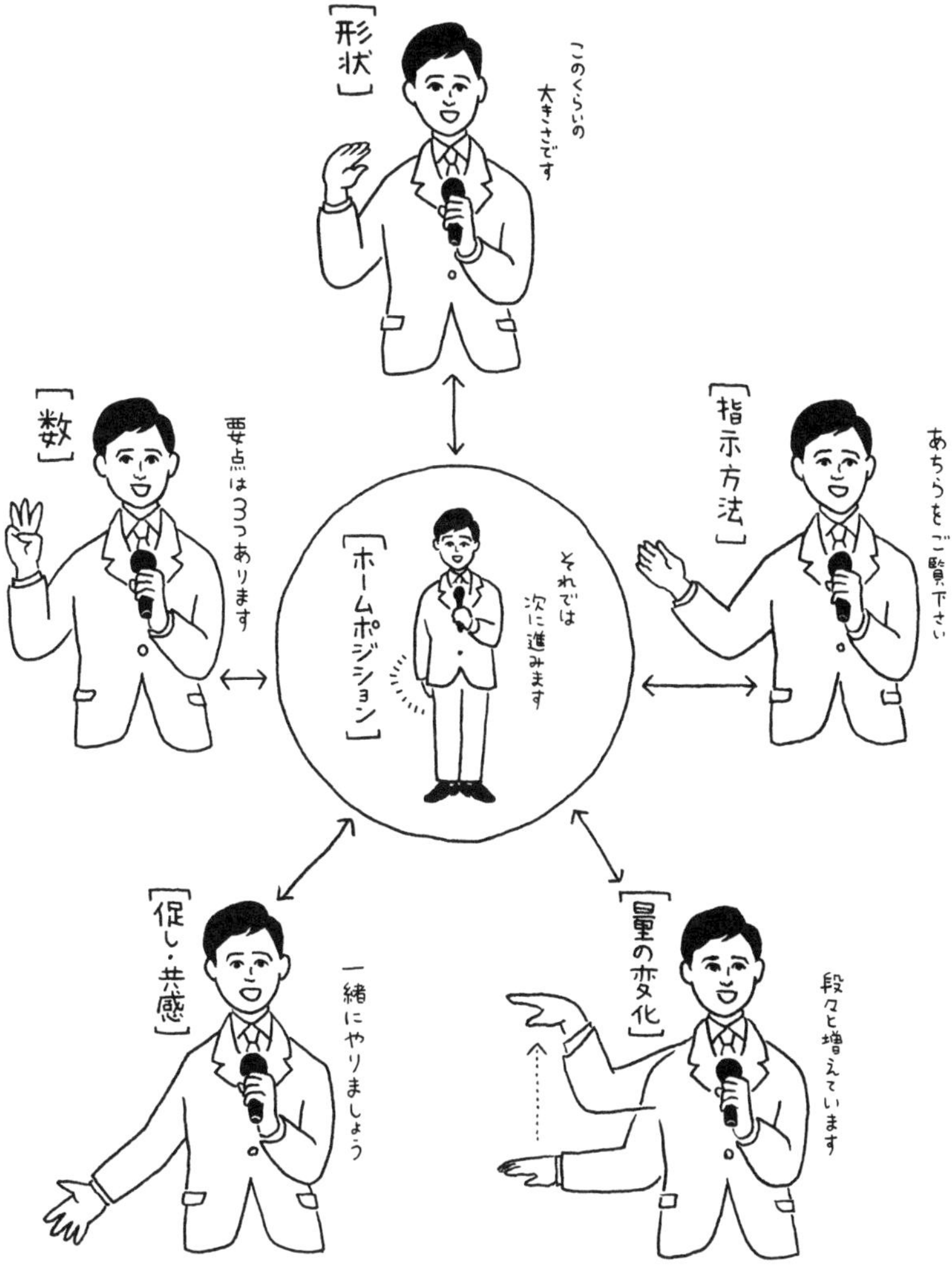

［形状］
このくらいの大きさです
［数］
要点は3つあります
［指示方法］
あちらをご覧下さい
［ホームポジション］
それでは次に進みます
［促し・共感］
一緒にやりましょう
［量の変化］
段々と増えています

う心がけましょう。ぶらぶら、そわそわと動かしながらでは見るほうが落ち着きません。そして**意味のない動きの癖はなくすことが必要**です。何も表現しないときの手は、身体の前や脇に自然とおろしておきましょう。また、手を自分の顔や体の前に出すと、聞き手から見えにくくなります。顔や体の脇に高く掲げ、聞き手から見やすいようにしましょう。

声からスピーチの印象をよくするには

声の印象をよくするには、まずは発声と発音が基本です。これらをよいものにした上で、さらに表現力として内容による声の変化が加われば、聞き手を惹きつけるスピーチができます。それぞれについて述べます。

大きくよく通る声

当たり前のことですが、声が小さいとスピーチは聞き手に届きません。大きな声が必要ですが、やみくもに大きくするだけでは声が割れたり、のどを傷めたりします。聞き手にとっても耳障りで、逆効果になります。

即興スピーチを成功させるには、まずは**その場にいる全員に聞こえる、適切な大きさのよく通る声**、そして、**話す内容に合った聞きやすい声**が求められます。

効果的な声で話すためにも、トレーニングを行いましょう。

◎腹式呼吸と発声練習

大きくてよく通る声、と言えば誰でも「お腹から声を出す」という言葉が思い浮かぶでしょう。これは腹式呼吸で発声するということです。

呼吸には、胸式と腹式があります。胸式とは、胸の筋肉を動かして肺を横に広げる方法です。それに対して腹式は、横隔膜を大きく上下させてより深く呼吸します。あおむけに寝てゆったりと息をするとたいていの人は自然と腹式呼吸になっています。この呼吸法を、話すときにもできるようにしておくと、声の通りがよくなります。

◎腹式呼吸のトレーニング方法

①まず背筋を伸ばしてまっすぐに立ちます。猫背になるとみぞおちが圧迫されてよい声

がでないので注意してください。

②鼻から10秒かけてゆっくり息を吸います。息を下腹にため、肺を満タンにする気持ちで吸います。肩や胸を上下させないように注意してください。

③口から10秒かけて息を吐きます。お腹の底から腹筋の力で押す出すように、ゆっくりと吐き出します。

④慣れてきたら、「あー」と声を出しながら吐いてみましょう。のどに力を入れず、お腹からの息が胴体で響いて声になり、自然と出てくるように意識します。この時、声が一定の大きさ、高さで安定するように心がけてください。

これを1日数回ほど、毎日続けて行うと効果的です。

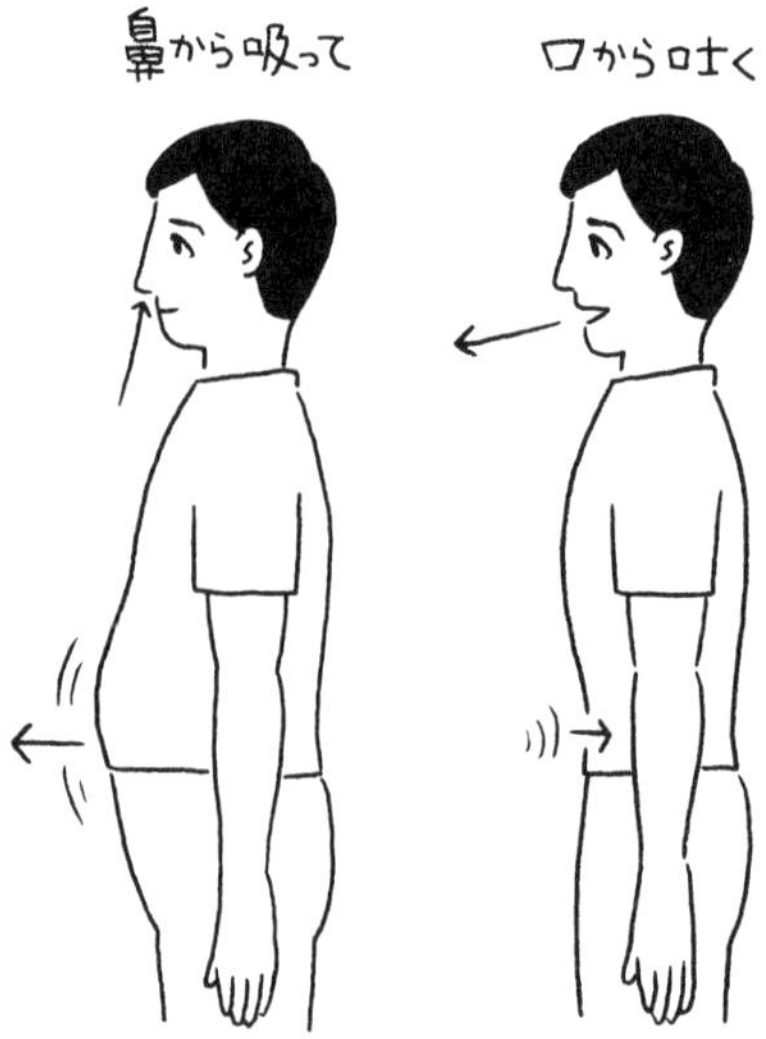

滑舌と発音

よい声が出るようになったら、次は発音です。言葉のひとつひとつの音をはっきりと滑舌よく発音して、意味を伝わりやすくしましょう。滑舌が悪かったり、口の開きが小さかったりすると音がくっついて聞き取りにくくなります。

「ありがとうございます」が「あいやとざいます」、「すみません」が「すんません」となったりしている人が、まれにいます。

こうなってしまうのは早口のせいだと思われがちですが、実は口の開きや唇、舌の動きが小さいのです。口を大きく開け、しっかりと動かしていれば、スピーディに話しても聞き取りにくくなることはありません。

即興スピーチは、いきなり話し出すものですから、戸惑いや緊張で口が十分に動かなくなってしまうこともあります。日ごろから発音練習で口の周りの筋肉を鍛えておきましょう。

◎口の筋肉をほぐす

まず、ウォーミングアップとして次の動きをやってみてください。

・口を大きく開け、続いてひょっとこのようにすぼませる。
・唇の間から舌を前に突き出し、上下させる。
・口を閉じ、唇の内側に舌で円を描く。

◎**発音練習**

次に、大きな口を開けて次の五十音表を読んでみましょう。**「あ」を読むときには、人差し指と中指を揃えて縦にして口に入れられるかどうかを目安に**開けます。その他の音も、おおげさに思えるくらい大きく口を動かしてください。

あえいうえおあお　あいうえお
かけきくけこかこ　かきくけこ
させしすせそさそ　さしすせそ
たてちつてとたと　たちつてと
なねにぬねのなの　なにぬねの

はへひふへほはほ　はひふへほ
まめみむめもまも　まみむめも
やえいゆえよやよ　やいゆえよ
られりるれろらろ　らりるれろ
わえいうえおわお　わいうえお

五十音表を読んでみると、読みにくい行があることに気がつくものです。「あ行はすらすら言えるのに、な行はつっかえてしまう」のような、苦手なところが誰にでもあります。例えば、さ行が「さ、せ、し、す……」とはっきり言えず「さ、しぇ、し、しゅ……」のようになってしまう人は、さ行の音が多く入っている単語もうまく言えていない可能性があります。五十音がすべて明瞭に言えるように練習しておきましょう。

1日1回、五十音表を読み上げるだけでも効果があります。

言い淀みを「間」にする

よい発声発音ができるようになったら、その声をスムーズに、相手の耳に心地よいように届けたいものです。そのためには言い淀みをなくしましょう。

言い淀みとは、「ええと」「あのー」などの意味のない発声のことです。話す方は、あまり意識せずに自然に口にしてしまうものですが、聞き手にとっては耳障りです。聞き手は言葉の意味を理解しようとして耳を傾けているのに、そこに意味のない音が入ってくるのですから邪魔になります。

聞き手の立場になれば、「ええと、あのー」を連発している人の話には、誰でもうんざりするでしょう。「自信がなさそうだ」とか「だらだらした話し方だ」というマイナスイメージも感じます。言い淀みが多い人は、ぜひ改善しておきたいものです。

まずは、現状を把握しましょう。会議などで発言をしているときに、何回くらい「ええと」「あのー」などを口にしたか、親しい友人や同僚に数えてもらってください。可能であれば話す様子を動画に撮り、自分で数えてもよいでしょう。「ええと」「あのー」以外でも、意味がない口癖は全部数えましょう。

言い淀みは、自分ではなかなか気づかないので、誰かに数えてもらうとほとんどの人が「こんなにたくさん⁉」と驚くものです。

自分は言い淀みが多い、と自覚したら「減らそう」という決意をしましょう。そして、言い淀みが出そうになったらぐっと飲み込んでください。実は、この言い淀みを飲み込むことによって、スピーチには意外な効果が生まれます。

それは「間《ま》」ができることです。

言い淀みは、言葉に詰まったり考えたりしているときに、沈黙を避けるために出てくることが多いものです。それを飲み込む、つまり声を出さずに黙ってしまうとほんの数秒ですが沈黙が生まれます。

その**沈黙が、効果的な間となって聞き手の関心を惹きつける**のです。次の例を、声に出して読み比べてみてください。

「この問題については、ええと、わたしは、どちらかと言えば、あの～賛成です」

「この問題については（間）わたしは、どちらかと言えば（間）賛成です」

あとのように**間を置いたほうが、聞き手が「次に何を言うのだろう？」と関心を持ち、集中して話を聞こうとする**ことが分かるでしょう。

また、どうしても間が空きすぎてしまいそうなときには、言い淀みを他の言葉で置き換える方法もあります。難しい質問をされたシーンで例を示しますので、読み比べてください。

「その問題についてですか、えっと、そ、それは、えーと、うーん、難しいですね」

「その問題についてですか。なかなか難しい問題で、すぐにはお応えしにくいものですね」

どちらも、ちゃんとした答えを返しているわけではありませんが、言い淀みがない後のほうが聞き手に「しっかりとしている人」という印象を与えます。

何を言えばいいかを考えるためには、数秒でも時間がかかります。その時間を「ええと、あのー」で埋めるよりも、そのとき心に浮かんでいる「えっ、困ったなあ、すぐには答えられないよ……」という気持ちを、ちゃんとした言葉にして発言してしまえばいいのです。そうすれば、言い淀みを避けてよい印象を与えながら、考える時間もより長く稼ぐことができます。

このようにして即興スピーチを言い淀みなく行うことができれば、「突然、話を振られたとは思えないくらい落ち着いている」と、周りの人を驚かすことができるでしょう。

声に変化を持たせる

声に表現力、つまり変化を持たせると、さらに効果的に話すことができます。内容に合った声、口調を出し分けられるようにしておくと、さらに「あの人は話がうまい」と評価されます。

話を効果的に伝えるためには、内容にあった声、口調であることが大切です。

わたしたちは、声と内容が合うかどうかはあまり意識していないものです。スピーチを頼まれたときに「何を話そうか」と悩むことはあっても、「どんな声にしようか」と考える人はあまりいないでしょう。しかし、声によって内容がうまく伝わったり、伝わりにくくなったりすることがあります。

テレビ番組を思い浮かべてみてください。情報を正確に伝えることが大切な場面、例えば、政治や経済のニュースを伝えるアナウンサーは、抑揚が少なく、低めの落ち着いた声で話します。それにより聞き手は落ち着いても冷静に情報収集ができます。

しかし、バラエティ番組の司会者が経済ニュースのアナウンサーのような声や口調であったらどうでしょう。番組は盛り上がらないに違いありません。楽しさ、面白さが求められる場面には、それに合った声が必要です。

わたしたちも、客観的な情報を伝えたいときと、気軽な場面で面白い話をしたいときとでは、声や口調を変化させましょう。

そのための一番シンプルな方法が、**自分の声の「高低」を意識し、3パターンの声を出せるようにしておく**ことです。普段話している、自分にとっての「普通」の声を基準として、それよりも「やや高め」「やや低め」の声でも話をして、使い分けをしてみましょう。

そして楽しい場面、盛り上げたい場面では「やや高め」、真剣さや落ち着きを感じさせたい場面では「やや低め」にします。

ひとつのスピーチの中でも、冒頭の挨拶の部分は親しみを感じてもらうために「やや高め」で、本論に入る際には「ここから大事な話になりますよ」という雰囲気を伝えるために「やや低め」にするなど、使い分けるといっそう効果的です。

この高低の変化を活かす練習として、同じセリフを違った声、口調で言ってみましょう。

次の文を、それぞれのシーンを思い浮かべながら声に出して読んでみてください。

「すみません」

- 混んでいる居酒屋で店員さんを呼ぶ（やや高めの大きな声で）。
- 道を尋ねるために知らない人を呼び止める（ごく普通の自然な声で）。
- ミスを厳しく指摘されて謝罪する（やや低めに抑えた声で）。

自然とそれぞれの声の高さ、口調は変わることでしょう。こうした変化は、日常生活では意識しなくても出ているものです。しかし、**急に人前に立って話すことになると、多くの人は緊張して、声が一本調子になってしまいます。**それでは聞き手に内容を印象深く伝えることはできませんし、話が長くなれば飽きられてしまいます。

日常で使い分けている、こうしたちょっとした声の変化を思い出して、それを人前でも表現してみてください。さらに、前述した表情の動きも合わせて加えれば、活き活きとした話しぶりとなり、聞き手をいっそう惹きつけることができるでしょう。

この章のまとめとして、ひとつ練習をしてみましょう。

どうすれば、より話の効果が上がるかを考えながら、次の文章を声に出して読んでみてください。朝礼での発言です。

「みなさん、おはようございます。このところうっとうしい雨が続いていましたが、今日はいいお天気ですね。元気に頑張っていきましょう。さて、今日は午後2時から全体研修があります。テーマは職場安全の徹底です。非常に重要なテーマですので全員、気を引き締めて受講してください」

いかがでしょうか。前半と後半では「さて、」を区切りとして声のトーンを変えたい内容です。前半は明るく盛り上げるように、後半はぐっと落とした声で緊張感を持たせるようにします。

さらに「間」も活かしてみましょう。この発言の中で特に大事な言葉は「午後2時から全体研修」「テーマは職場安全」だと考えられます。そこで大事なことの前に間を取り、「今日は（間）午後2時から〜」「テーマは（間）職場安全〜」のように言うと聞き手の注意を惹きつけられます。

話の中で何が大事かを意識すれば、その言葉をより強く、ゆっくりはっきり言おうという意識も生まれ、より声や口調の変化が生まれるでしょう。もちろん、顔の表情も発言の前半と後半では異なるはずです。

このようにして考えるとほんの短い発言であっても視覚的、聴覚的な面からさまざまな幅広い表現を工夫できることが分かります。言葉だけではなく、活き活きとした話しぶりで聞き手を惹きつけ、自分の魅力を輝かせて即興スピーチを成功させましょう。

第3章 基本スキル編2

人前で恥をかかない言葉遣いを身につけよう

即興スピーチでは言葉が乱れやすい

言葉遣いは、その人の教養や人柄を表します。親しい友人や家族、毎日顔を合わせている同僚などの間であれば、ざっくばらんなものの言い方でも構いませんが、社会人として改まった場に立ったらそうはいきません。

特に、即興スピーチを行う場合には注意が必要です。準備できるスピーチなら言葉遣いも事前にチェックできますが、その場ですぐにでは、改まった話し方をしようとしてもつい普段の口調が出てしまい、恥ずかしい思いをすることもあります。人前で話す際には特に注意するとともに、普段から誰に聞かれても恥ずかしくない言葉遣いを心がけておきたいものです。

この章では、言葉遣いのポイントについて述べます。

敬語を使いこなす

社会人の言葉遣いとして、まず押さえておきたいものが敬語です。

敬語と言うと、接客業や販売業、営業の人がよく使う決まり文句のことだとか、偉い人相手に使う面倒くさい言い回しだと思っている人が多く、苦手な人も少なくないようです。

しかし、即興スピーチで用いる敬語は、そういうものではありません。**ごくシンプルに社会人としての常識を持った話し方ができればよい**のです。「スピーチだから特別だ」と構える必要もありません。

もちろん人前での話ですから、普段の気軽な会話と同じようなわけにはいきません。それでも敬語の基本を押さえ、いくつかの表現を覚えて使いこなせるようにしておけばOKです。

敬語には、**発言を日常会話よりも丁寧にする「丁寧語」、自分や自分の身内の動作をへりくだって表現する「謙譲語」、相手の動作を敬って表現する「尊敬語」**があります。これらについて基本的なことを知っておきましょう。

即興スピーチで敬語を使いこなせるようになっておけば、日頃の会話もレベルアップすることでしょう。敬語をうまく使うポイントと、その注意点を挙げます。

◎語尾を整える

まずは語尾を「～です」「～ます」にします。特に改まった発言をしたい場面では「～です」を「～ございます」にしましょう。これだけで「丁寧語」を使ったことになり、親しい友人知人との会話とは一線を画した発言になります。

ただし、ここで気をつけたいのがおかしな敬語の使い方としてよく指摘される「～になります」です。**「～です」あるいは「～ございます」と言えば、正しい敬語になるのに「～になります」を使ってしまう人が多くいます。**例を示しましょう。

×「本日のテーマは「テレワークの実施」になります。今、お配りしたものが資料になります」

○「本日のテーマは「テレワークの実施」です（でございます）。今、お配りしたものが資料です（でございます）」

「～になります」は、「今日は晴れですが明日は雨になります」のように、変化を表現するのが本来の使い方です。ですから「資料になります」と言われると、言葉の正しい知識を持っている人は「何が資料に変化したの？」とおかしく感じます。
「～です」「～ございます」を適切に使いましょう。

◎自分と身内を正しく呼ぶ

自分をどう言うかは、その人の社会人としての意識や立場の自覚を表します。「僕」「俺」「あたし」などでは「子供っぽい」「場をわきまえていない」と低く評価されます。職場であれば「わたし」、外部の人もいる改まった場では「わたくし」というよう習慣づけておきましょう。

さらに、家族や身内をどう表現するかも、しっかりとした大人の意識を持っているかどうかのポイントです。自分の家族を「お父さん、お母さん」「ダンナさん、奥さん」などと言うと常識がないと思われます。親しみや冗談のニュアンスを込めて「うちのダンナ」などと言う人もいますが、スピーチのシーンにはふさわしくありません。「父、母」「妻、夫」のようなフォーマルな表現を使いましょう。

また、外部の人に対して自社の人を呼ぶときも、身内扱いになります。「田中社長」のような、苗字プラス役職名で呼ぶのはさんづけをしているのと同じことになります。「社長の田中」と呼び捨てにします。

◎**自社の表現を使いこなす**

自分の会社をどう言うかには、相手と場合によっていくつかのバリエーションがあります。ごく親しい人との会話では「うち」「うちの会社」でいいですが、そうでない場面では適切な表現を選びましょう。

- **弊社**　自分の会社をへりくだって表現します。取引先や同業他社の人など、外部の人が同席する場で用います。
- **我が社**　自分の会社を誇る気持ちを込めた表現です。社内での朝礼や会議などで、特に愛社精神を込めたいときなどに用います。
- **当社**　へりくだったり、誇ったりという心情を込めず、自分の会社について客観的に述べたいときに用います。

・**わたくしども**　へりくだった表現で、会社組織よりも社員スタッフらの人の集まりとしての面を伝えたいときに用います。

◎自分と相手で敬語を使い分ける

敬語の使い分けで大切なのが動作を表す表現、つまり動詞の変化です。ある行為を自分がしたときと、相手がしたときとでは表現の仕方が変わります。

特によく使う言葉の使用例を3つ挙げます。

・**します**　「弊社では、朝礼をいたします」「御社では、朝礼をなさいます」

・**いる**　「わたしは、自宅におります」「○○様は、ご自宅にいらっしゃいます」

・**行く**　「弊社の担当者が、現場にまいります」「御社のご担当の方が、現場においでになります」

こうした使い分けをすぐにできるようにしておくことが、フォーマルな場での即興スピーチには欠かせません。

敬語のよくある間違い

間違っているのによく使われている敬語表現があります。その代表的なものを挙げますので、使わないように注意してください。

◎二重敬語

×「先ほど、田中さんがおっしゃられた通りです」

「田中さんが言った通り」を尊敬語に変えようとして間違った例です。「言う」を尊敬語にするには、「〜れる、〜られる」をつけて「言われる」とするか、「おっしゃる」のいずれかにします。この2つを合わせて「おっしゃられる」とするのは間違いです。

「見る」の尊敬語「ご覧になる」を「ご覧になられる」としてしまうのも、よくある二重敬語の間違い例です。

人や会社などの呼称一覧

一般的な呼称	尊敬語（相手に関わるもの）	謙譲語（自分や自社に関わるもの）
会社	御社　貴社	弊社　小社
人	方（かた）	者（もの）
私たち	皆さま	私ども
父　母	お父様　お母様	父　母
息子　娘	ご子息　お嬢様	息子　娘
家　自宅	ご自宅　お住まい	拙宅　小宅

よく使う動詞一覧

丁寧語（一般的に丁寧に表現する）	尊敬語（相手の動作について述べる）	謙譲語（自分または自分の身内の動作について述べる）
します	なさいます	いたします
います	いらっしゃいます	おります
行きます・来ます	いらっしゃいます おいでになります　など	参ります 伺います
言います	おっしゃいます	申します 申し上げます
見ます	ご覧になります	拝見します （相手に関するものを）
書きます	お書きになります	お書きします
会います	お会いになります	お目にかかります お会いします
食べます・飲みます	召し上がります	いただきます
知っています	ご存知です	存じております 存じ上げております

◎尊敬語と謙譲語の取り違い

×「鈴木さまは、日頃、スポーツ観戦をなさっております」

「しています」を尊敬語にするには「します」「います」をそれぞれ変化させて「なさっていらっしゃいます」とします。そこに自分の動作に用いる謙譲語「おります」を使うのは間違いです。シンプルに「なさっています」「していらっしゃいます」と、どちらかひとつを尊敬語にしても構いません。

◎謙譲語の用法の間違い

×「この新商品については、わたしはよく存じ上げております」

「自分は知っている」と言いたいときには、謙譲語で「存じております」と「存じ上げております」の2種類がありますが、「存じている」は一般的な物事を知っているとき、「存じ上げる」は、尊敬すべき人を知っているときに用います。

「申す」と「申し上げる」にも同様の使い分けがあり、「申し上げる」は、尊敬すべき人に向かって言うときに用います。

これ以外にも、わたしたちの周囲ではさまざまな「間違い敬語」が聞かれます。先輩や上司の言葉遣いをマネしていたら、実はそれが間違いだった、ということもよくあります。「誰かが言っていたから」「聞いたことがあるから」と鵜呑みにせず、**正しいかどうか自分で調べてから敬語を使う姿勢が大切**です。

発言を格上げするフォーマルな言葉遣い

即興スピーチは、「改まって人前に出て話す」のですから、親しい同僚や友達が聞き手であっても、フォーマルな場面であると言えます。そのような場で、**日常のおしゃべりに使う言葉を用いていると、どんなに内容がよくても場違いに感じられます。**

フォーマルな場にふさわしい言葉遣いをするとスピーチがぐっと引き締まり、聞き手も「ちゃんと聞かなければ」という心構えになるものです。言葉遣いで発言を格上げしましょう。例えば、次のようなものがあります。

◎否定を婉曲にする「〜かねます」を使う

否定的な発言は、相手を拒絶している印象を与えるためビジネスの場では「〜かねます」に言い換えられます。スピーチでも活用したいものです。

・わたしにはわかりません。▼**わたしにはわかりかねます。**
・そのご意見には賛成できません。▼**そのご意見には賛成いたしかねます。**
・その質問には答えられません。▼**その質問にはお答えいたしかねます。**

◎小さい「っ」（促音）を避ける

日常会話の中には、促音を含む言葉がたくさんあります。身近で親しみのある表現ですが、それだけに緊張感なくしゃべっている印象を与えます。小さい「っ」を避けて他の表現にすると発言が引き締まります。

・ここでちょっとご説明いたします。▼**ここで少々ご説明いたします。**
・さっき、あっちから来た人はどっちへ行きましたか。▼**先ほど、あちらから来た人は、ど**

ちらに行きましたか。

・やっぱりこの案がいいですね。とってもきれいなデザインだから、きっと売れるでしょう。

▼やはりこの案がいいですね。とてもきれいなデザインだから必ず売れるでしょう。

◎口語表現を漢語にする

発言にフォーマル感を出すために、漢語を用いるのはビジネスの場でよく行われます。発言に重みを持たせ、聞き手によい意味での緊張感を与えたいときに効果的です。

・お手伝いしてもらえるのは、すごくありがたいです。**▼ご助力には、大変（非常に）感謝いたします。**

・あてはまる人は、すぐに名乗り出てください。**▼該当者は速やかに（直ちに）名乗り出てください。**

・現場がどうなっているかはよく分かっています。**▼現場の状況はよく承知しています。**

・明後日の会議は、第3会議室を使います。**▼明後日の会議は、第3会議室を使用します。**

こうした言葉遣いを用いると、丁寧なだけではなくその場を大切にし、聞き手を尊重する気遣いが伝わります。

即興スピーチのフォーマルな決まり文句

スピーチには、日常会話には使わない独特の決まり文句がたくさんあります。これらを場面や聞き手に応じて使いこなし、さらにスピーチの格を上げましょう。例えば次のようなものがあります。

◎スピーチの冒頭で

・「本日はお忙しい（ご多忙の）ところお集まりいただき、誠にありがとうございます」

聞き手に対するいたわりや感謝の言葉で話を始めます。例に挙げた忙しさをねぎらう表現の他、「遠いところ（遠方から参加する人に対して）」「お足元の悪いところ（雨や雪など悪天候の場合）」などもあります。

◎司会者から紹介や発言の促しを受けて

- 「それでは、ご指名でございますのでお話をさせていただきます」
- 「若輩者ではございますが、一言ご挨拶申し上げます」
- 「僭越ながらわたくしからも、一言申し上げます」

いずれも「自分が発言するのは、本来差し控えるべきではあるが」という遠慮の気持ちを含む表現です。年配の人や地位の高い人が同席している場面で用います。

◎自社や個人の話をするときに

- 「手前味噌ではございますが、弊社の商品は、多くの方々から喜ばれています」
- 「私事で恐縮ですが、来年、父親になる予定です」

「手前味噌」は「自慢ではあるが」という意味の慣用表現です。「私事」は「わたくしごと」と読み「公事」（くじ・おおやけごと）に対する言葉です。公の場でプライベートな話をすることに、恐縮の気持ちを伝えます。

◎乾杯の音頭を急に振られたら

・「それでは、皆様のご健康とご活躍を祈念いたしまして、乾杯!」

なんのために乾杯するのかを短く述べます。結婚祝いなら「おふたりの幸せを祈念して」、会社の創立記念なら「さらなる発展のために」など場面にあった言葉にしましょう。

◎スピーチの締めくくりに

・「以上、簡単ですがわたくしからのご挨拶とさせていただきます」
・「今後とも、ご指導ご鞭撻のほどよろしくお願い致します」
・「ご静聴ありがとうございました」

このように、**話が終わったということをはっきりさせるフレーズを述べると、スピーチ全体が引き締まります。**「ご清聴」は相手が静かに聞いてくれたことを敬い、感謝する表現です。

◎覚えておきたい忌み言葉

・（結婚祝いで）スピーチの終わりに、もう一度、申し上げますが、ぜひぜひ幸せになってください▼**ぜひ幸せになってください**

・（お祝いの会の司会で）それでは、この会を終わりにいたします▼**それでは、この会をお開きといたします**

慣習として、ある場面で避けたほうがいいとされる言葉を「忌み言葉」と言います。結婚は1回しか行わずいつまでも続くほうがよいイベントですから、繰り返しや終わりを意味する言葉や、同じ言葉を重ねるものは避けます。「終わり」は「お開き」と言い換えます。

こうした言葉を使いこなせるようになると、「語彙が豊かで、教養や常識のある人」としての評価が高まることでしょう。

気をつけたい言葉選び

正しい敬語、言葉遣いであっても言葉選びによって聞き手に不快な印象を与えたり、マイナスイメージを持たれたりすることがあります。特に**人前での話では、「丁寧に、謙虚な態度を見せよう」と思うあまり、後ろ向きな発言になりがち**です。次のようなものに特に注意しましょう。

◎過度な謙遜や自分を下げる表現

×「わたしなんかがみなさまの前でお話するのは、恥ずかしいんですけど……」
×「話下手なものですから、うまく説明できるかどうか自信がないのですが……」
×「わたしは○○さんのような経験がないので、お話することなどないと思いますが……」

いずれも自信のなさを出してしまった発言です。周囲の人たちが優しければ「そんなことないよ、頑張って」と応援しながら聞いてくれるかもしれませんが、営業や交渉などのビジネスシーンでは「それなら引っ込んでいろ」「そんな話を聞くのは時間の無駄」と思われます。余計なことは言わずすっきりと始めましょう。

○「それでは、お話いたします」

○「では、ご説明をいたします」

○「このような機会をいただき、ありがとうございます」

◎否定的な表現

×「弊社は、創業から1年しか立っていなくて、社員も2人しかいない小さな会社です」

×「この問題については、調べないと分からないので、今は何も言えないです」

×「部署同士のコミュニケーションが悪いのが、この職場の欠点だと思います」

同じ内容でも否定的、肯定的の両面から言い表すことができるものは、できるだけ肯定的な表現を選びましょう。否定すると自信のなさや、消極的、批判的といったネガティヴなイメージを聞き手に与えます。それぞれの肯定的表現と比べてみると明らかでしょう。

○「弊社は創業1年、社員2名の会社です」

○「この問題については、調べてから発言したいと考えます」

○「部署同士のコミュニケーションに問題があるのが、この職場の改善点だと思います」

◎あいまいな表現

×「先方が主張する意見も、分からないわけではありません」

×「やはりこの点は、特に注意しなくてはいけないのかなと思います」

×「業務効率の改善に、できるだけ早く取りかかるように頑張りたいと思っています」

「断言するときついと思われる」「言い切ってしまう自信がない」と感じているときに、つい使ってしまいがちなあいまい表現です。自分ではソフトに表現したつもりでも、聞き手からは「はっきりしない人」と思われます。これも明確な表現と比較してみましょう。責任ある立場で発言する場面では特に注意したいものです。

○「先方が主張する意見も、分かる部分があります」

○「やはりこの点は、特に注意しなければなりません」

○「業務効率の改善に、遅くとも来月中には取りかかるつもりです」

失言を避けるための心がけ

大勢の人が参加している場では、聞き手を不快にさせるような発言は控えなければなりません。**自分では「悪気なく、思ったことを口にしただけ」「ちょっとした冗談のつもり」での発言であったとしても、聞き手の中には深刻に受け止めて傷ついたり、腹を立てたりする人がいるかもし**れません。

政治家や有名人が、失言で非難され謝罪させられたり、仕事を降りなければならなくなったりするニュースも、よく見聞きするところです。わたしたちも、気をつけなければちょっとした発言によって「あんなことを言う人だったとは……」と周囲からの信用を失ってしまいます。

即興スピーチの場で失言をしないようにするため、まずは次のような心構えを日頃から持っておきましょう。

◎社会人としての品性を大切にする

人前で話をする、というと「ボケやツッコミ、イジリで笑いを取ろう、ウケよう」と考える人がいます。冗談が通じる仲間内であれば面白がられるかもしれませんが、社会人として人前で話す際にタレントや芸人をマネようなどと思うと、失言のもとになります。目上の人の前で流行のギャグを口にして「ふざけている」と呆れられたり、その場にいる人を笑いものにして「失礼だ」とひんしゅくされたりする人がいますので、注意したいものです。

◎個人を尊重する姿勢を持つ

現代は、多様性を尊重する時代です。**「人それぞれの生き方がある」「どんな価値観も否定されない」という柔軟な考え方を忘れないように**しましょう。その上で、自分の考え方を他人に押しつけるような発言をしていないか、日頃からチェックしておきたいものです。

例えば、相手の体形をほめたつもりで「スリムでいいですね」というのも「やせているほうが美しい、太っていてはいけない」という価値観の押しつけだと言えます。容姿や身体的特徴、さらに恋愛や結婚、出産などの性的な話題には不必要に触れないよう、特に注意する必要があります。

◎社会問題に広く関心を向ける

現代社会には、さまざまな問題があります。特に、周囲の無理解からくる不快な発言により傷つけられた人の存在が社会問題化しているものに関心を向けましょう。セクハラやパワハラ、それにLGBTと言われるセクシャルマイノリティ（性的少数者）に対する差別、国籍や人種による差別の問題などがそれにあたります。

こうした問題について無関心でいることは、前項目で述べた個人の尊重についての無関心にもつながります。広く国内外のニュースに目を向け、問題になる発言、人を傷つける発言とはどういうものかを知っておきましょう。幅広い視野で世界中の問題について学ぶことは、失言を防ぐだけでなく発言をより教養あるものにしてくれます。

◎自分の感情をコントロールする

急に思いもかけない質問をされたり、発言に反論されたり、間違いを指摘されたりなど、感情的に動揺してしまったときも、失言に要注意です。

そんな場面では、すぐに言い返したりせず一呼吸おきましょう。**5～6秒ほど待てば怒りや焦りなどの動揺は鎮まる**と言われています。そのくらいなら、黙ってしまっても聞き手は

「次に何を言うんだろう」と期待して待っていてくれるものです。その上で「なるほど、そうですね」といったん相手の言葉を受け止めて話を続ければ、聞き手に「相手を受け入れる度量のある人」「軽々しい発言をしない人」という好印象を与えることができます。

さらに「知らないことは知らないと言う」「間違ったらすぐに謝罪、訂正する」といった率直さを持てば、どんなときにも落ち着いていられます。

即興スピーチの場でよくある失言、問題発言の例を挙げます。

◎不必要に性別を話題にするもの

・「女性なら、誰でも30歳までには結婚したいですよね」
・「わたしは掃除や洗濯が好きなんですが、男なのにおかしいですよね」
・「○○さんは、料理が得意なのでいいお嫁さんになると思います」

男性なら、女性ならこうであるべきだ、という決めつけは反発を招きます。特に現代では、仕事や家事は性別で分担するのではなく、個人の志向によって男女平等に行うものという考え方が定着しつつあります。これにそわないと「古い」「封建的」と思われます。

◎国籍や人種に触れるもの

・「○○さんは○○人ですが、まるで日本人のように礼儀正しいです」
・「あんなおかしなことをするのは、○○人に決まっています」
・「黒人は運動神経がいいですね。アジア人はスポーツでは黒人に勝てません」

一般的な傾向として「○○人はこういう国民性だ」と述べることはありますが、それが他国を貶めるものと受け取られないよう、注意が必要です。ほめているつもりで偏見を口にしていることもあります。国籍や人種でくくるのではなく、個人を尊重する姿勢が大切です。

◎心身の問題や病名などを挙げるもの

・「ぼんやりしていると、将来ボケてしまうかもしれないので気をつけたいです」
・「悩みがあっても考えすぎるとウツになりそうですから、いつも前向きでいたいです」
・「病は気からと言います。心がしっかりしていれば病気にもならないはずです」

社会の中には、病気や障害で苦しんでいる人がたくさんいます。病名を軽々しく口にしたり、原因を決めつけたりすることはそういう人たちを傷つけます。深い知識がないのに安易に治療法を勧めるような無責任な発言も控えましょう。

◎人の生き方や価値観に言及すること

・「小さい頃から勉強ばかりさせていては、ろくな大人になりません」
・「子供は、母親の愛情に包まれて育つのが一番です」
・「大企業に入って上司の顔色をうかがってばかりいるような生活は、したくないです」

自分の狭い考え方、価値観にこだわっていると口にしてしまいがちな失言です。自分の信念をはっきりと述べることはときには必要ですが、他の人がそれを「自分への批難、非難」と受け取るかもしれない、という点に常に注意を払いましょう。

◎特定の人や職業、場所の悪い評価

・「先日、評判のレストランAに行ってみましたが、不味かったです」
・「女優の◯◯は人気があるようですが、演技はうまいとは言えません」

・「野球の○○チームは弱いですね。監督の戦術がだめなんだと思います」

自分の意見をはっきり述べることは必要ですが、誰でも自分が好きなものに対して、反対意見を聞かされるのは不快です。断定せず「わたしとしては」「個人的な意見ですが」とつけ加えるなど、婉曲な表現を工夫しましょう。

◎特定の職業をあげつらうもの

・「○○さんは正直な人です。政治家のような口先だけの人間ではありません」
・「わたしたちは会社員ですから、公務員のように楽ができるわけはありません」
・「大企業は裏ではいろいろと汚いことをやっているようですが、弊社は違います」

職業についての一般的なイメージもありますが、それを安易に引き合いに出すとその職業の人にとっては不快な発言になります。聞き手本人がそうでなくても、その人の家族や知人がその職業に就いていることもあります。「仲間内だからいいだろう」と油断しないようにしましょう。

これ以外にも、聞いた人を不快にさせる発言はいろいろあります。人前に立って話す際には、**自分にとっては何も問題ない考え方、発言であっても聞き手の受け取り方が違う**のだということを、しっかりと意識しましょう。

「聞き手はどんな人だろう、こう言われたらどう感じるだろう」と想像してみると、人に対する理解や洞察が深まります。その積み重ねによって、どこで誰の前で話をしても恥ずかしくない人間性豊かな話し手になれるでしょう。

第4章 実践スキル編1

即興スピーチの構成はフレームワークに当てはめよう

フレームワークで伝える流れを決める

フレームワークとは、一定の枠組みをあらかじめ作り、それを使って物事を効率よく行うことを言います。

わたしたちの身近には、このフレームワークがいろいろなところでたくさん活用されています。例えば、新聞の紙面を思い浮かべてみてください。掲載されているニュースや記事、広告などの内容は毎日違いますが、全体の紙面構成に大きな変わりはありません。一番表のページ、第一面の右上には常にその日一番重要なニュースが掲載されます。下5分の1ほどはいつも本の広告欄です。テレビ欄では常に左端がNHK、その右隣りがNHK・Eテレ……と順番が決まっています。

このように大きな枠組み、つまり**フレームを決めておけば、中身だけを入れ替えればいいので、毎日違った内容を効率よく、分かりやすく伝えることができる**のです。

もっと身近なものに例えるとすれば、仕切りのついたお弁当箱とも言えそうです。箱の中の枠それぞれに「ここにはご飯」「ここにはおかず」「この枠にはサラダか漬物」と決めておけば、お弁当作りが楽になります。同様に、即興スピーチでも「まずこれを言って」「次にこれを言って」「最後にはこれを言おう」と決めておけば、話すのが楽になります。

話下手な人はよく、「人前で話そうとすると、考えがまとまらない」「話しているうちに、自分でも何を言っているのか分からなくなる」と言いますが、これは無理もないことです。なぜなら、**急に話を振られれば、誰でも「何を、どういう順番で話せばいいのか」と戸惑ってしまう**からです。

「何を」と「どういう順番で」というふたつの問題を同時に処理しようとするのですから、頭が混乱してしまいます。しかし、**あらかじめ枠組みを決めておけば、考えるのは「何を」だけ**で済みます。

この章では、即興スピーチをするときに便利なフレームとして、構成方法を身につけましょう。

まず、マスターしたいものが「PREP法」です。これは、自分の言いたいことを分かりやすく、しかも説得力を持って述べたいときに便利な方法で、即興スピーチの場で特に役立つものです。

合わせて、話したい内容をすばやく整理するために役立つ3つの構成、「ホールパート法」「箇条書き法」「時系列法」を押さえておきましょう。これらを使いこなせるようになると、どんなときでもすばやく筋道の通った話ができます。

さらに、より聞き手を惹きつける面白い話をしたい、という人のために「起承転結法」という方法もあります。この章では、これら5つの構成方法をご紹介していきます。

実は、**即興スピーチが上手な人は、こうしたフレームワークを活用しています。**上手な人をはたから見ると、思いついたことを自由にしゃべってうまくまとめているように見えるものです。しかし、彼らは頭の中にフレームを持っていてそれに沿って話を進めているのです。

先に述べたように、わたしたちは急に話さなければならなくなると、「何を？　どういう順番で？」と戸惑ってしまいます。しかし、上手な人はすぐに「この順番でいこう！」とフレームを決めることができます。いわばスタートの段階で、大きな差をつけているのです。

5つのフレームワークの特長を知り、自分がこれから話そうとする内容や場面によって使い分けられるようになれば、あなたも即興スピーチの上級者です。

1―PREP法

PREP（プレップと呼びます）法とは、次の4つの英単語の頭文字を並べたものです。

P…Point　要点（もっとも言いたいこと）
R…Reason　理由（それを言いたい理由）
E…Example　事例（裏付けや具体的な内容）
P…Point　結論（要点の繰り返し）

このように、まず言いたいことの要点を述べ、次にその理由を述べ、さらにより具体的に説明するための事例や証拠、裏づけなどを述べて、最後にもう一度、要点を述べて結論づけるというものです。

自分の意見や主張を、論理的に説得力を持って述べたいときに効果的な構成法です。例を挙げましょう。会議でどの案がいいかと意見を求められた場面です。

「わたしは、案Aに賛成です（P）。なぜなら、一番経費の節約になるからです（R）。具体的に言いますと、案Bと比べれば30万円も安く済みます。その分を来月のイベントに回せば、より効果的なPRができます（E）。ですからわたしは、案Aを採用すべきだと考えます（P）」

PREP法を使わず、思いつくままに話をすると次のようになりがちです。

「経費が安い方がいいですよ。来月もイベントがあるんですから。案Aは、Bと比べると30万円も安く済みます。その分を来月のイベントに回せば、効果的だと思います」

比べてみると、PREP法を用いたほうが言いたいことがはっきりと伝わり、説得力があることが分かります。

わたしは、話し方やスピーチのセミナーなどで、多くの人にこのPREP法をお勧めしています。それは、この方法をマスターしておけば、PREP法を使っていないときでも分かりやすい話し方ができるコツが身につくからです。

そのコツとは**「1回の発言でひとつの内容を話す」「ワンセンテンスを短くする」「つなぎの言葉を使う」**の3つです。

それについてお伝えするため、ここでちょっとした練習をしてみましょう。次の質問に、PREP法を使って答えてみてください。

「好きな動物はなんですか？　動物園やテレビで見てかわいいなと思うものでも、ペットにするのでも、おいしく食べちゃうのでも構いません。好きな動物についてお話ください」

こう尋ねられたら、多くの人がまず「好きな動物は、犬です」とか「パンダです」のように一種類の動物名を挙げるのではないでしょうか。まずはポイントをひとつ挙げるのがPREP法だからです。

しかし、「PREP法で」という縛りがなかったらどうでしょう。いきなり「好きな動物は？」と言われたら「ええと、犬かな？　パンダも好きなんだけど、食べてもいいんなら牛だよね」と、あれこれ思い出して混乱してしまうものです。

実はこの、**言いたいことをいろいろ思い出してしまう状態が、即興スピーチを失敗させるもと**なのです。いろいろな話題を出せば、

P → R → E → P

PREP法

当然、話はまとまりにくくなります。その点ＰＲＥＰ法は、まずＰ、もっとも言いたいことをひとつ挙げるというフレームなので、自然と話題がひとつに絞られます。

これは話すほうにとっても楽ですし、聞き手にとっても理解しやすくなります。話す立場になると「あれもこれも言いたい」という欲が出てくるものですが、聞くほうにとっては一度にあれこれ言われては分かりにくいですし、覚えてもいられません。

ＰＲＥＰ法を使うことによって、**話題を大事なことひとつに絞るという習慣が身につくと、それだけで発言がシンプルに分かりやすくなる**のです。

次に、ワンセンテンスを短くすることについて述べましょう。ＰＲＥＰ法を使うと、多くの人が次のように言います。

「わたしの好きな動物は、犬です。その理由は、かわいいからです。それに頭もいいですよね」

まずポイントを言う、次に理由を言うという縛りがあると、このように文が短くなります。もしこの縛りがなかったら、次のようになりがちです。

「わたしの好きな動物は、かわいいし頭がいいから犬ですね」

これはひとつの文章の中に「わたしの好きな動物は犬だ」「犬はかわいい」「頭がいい」と

いう3つの意味内容が入っています。また、「好きな動物」というPと、その理由Rがひとつの文章の中に押し込まれています。こうなると、やはり聞き手は理解しにくくなります。

さらに、PREP法を使うと、つなぎの言葉を使いたくなります。まずポイントを言い、次に理由を言うのだな、と意識すると「次に理由を言いますよ」という意味のつなぎ言葉が、次のように自然に出やすくなります。

「わたしの好きな動物は犬です。その理由は～／なぜなら／どうしてかと言うと～」

また、理由の次には事例を言うのだな、と意識すれば次のような発言になります。

「その理由は、頭がいいからです。例えば～／例を挙げますと～／うちの犬の場合は～」

最後に結論を述べる部分にも、つなぎの言葉が使えます。

「そういうわけで～／結論として～／以上のようなことから～わたしは犬が好きなんです」

このように、**短い文章を適切なつなぎ言葉を使いながら述べることで、発言の論理的なつながりがはっきりします。**

この3つのコツを踏まえた発言の例を挙げてみましょう。ビジネスシーンの雑談で、好きなスポーツを尋ねられた場面を想定します。

「わたしの好きなスポーツは、野球です。その理由は、組織的なチームワークが重要なスポーツだからです。具体的に言いますと、監督が作戦を立てメンバーを決めますね。そして選手はそれにそって自分の力を発揮します。これはビジネスにも役立つように思います。そういうわけで、わたしは野球が好きなんです」

このような答え方ができれば、「しっかりした人だなあ」と相手を感心させることができるでしょう。「野球です」とぽつりと答えて黙ってしまうことも、「サッカーとか、野球とかチームワーク重視のスポーツが好きなんですよね」とあれこれ話を広げてまとまらなくなってしまうこともなくなります。PREP法ができれば、ちょっとした雑談でも内容豊かで筋道が通った、ミニ即興スピーチになると言ってもいいでしょう。

そして、PREP法を通じて分かりやすい話し方の3つのコツを身につければ、どんなときでも分かりやすい発言になります。そのコツを、これから学ぶその他の構成方法にも活かしていってください。

2―ホールパート法

ホールパート（Whole Part）法は、**まず全体について述べ、その後に部分ごとに述べる方**

法です。聞き手にまず内容の全体像をつかんでもらい、それから部分ごとに詳しく述べていくことで、理解しやすい話になります。

　職場の説明を例にして具体的な発言を見てみましょう。

「わたしの会社は、事務機器の販売をしており、主に4つの部署からなっています。総務部と営業部、商品管理部、それにカスタマーセンターです」

　職場の業種と全体像を示したのちに、各部署の名称を挙げるので、聞き手はすんなりと理解することができます。この構成の分かりやすさは、逆にしてみるとはっきりします。

「わたしの会社には、カスタマーセンターがあります。それから、総務部と営業部、商品管理部と、全部で4つの部署があり、事務機器の販売をしております」

　このように部分的なことから始めると、最後まで聞かないと全体像がつかめないので、聞き手を不安にさせてしまいます。**分かりやすい話をする原則として「全体から部分へ進める」**と覚えておくと

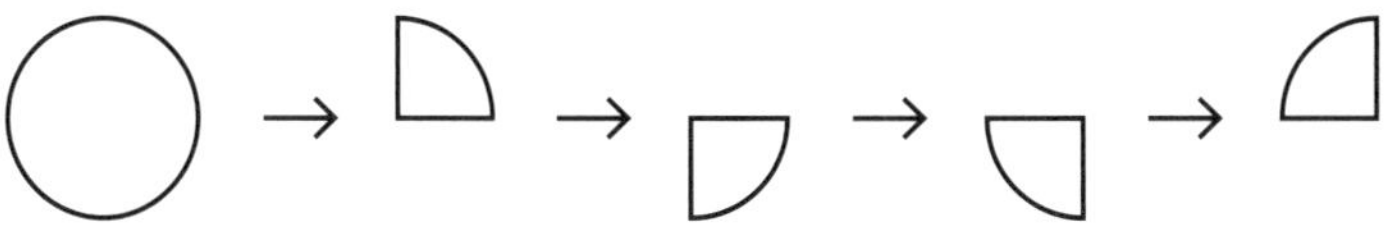

ホールパート法

よいでしょう。
また、この原則は「重要なことから補足的なことへ」「抽象的なことから具体的なことへ」と応用できます。それぞれに例を挙げますので、どちらが分かりやすいか比較してみてください。

◎重要なことから補足的なことへ

「イベントは6月10日、日曜日に行います（重要）。雨天の場合は6月17日に延期します（補足）」

「イベントは、雨天の場合は6月17日、日曜日に延期しますが、6月10日に行います」

◎抽象的なことから具体的なことへ

「このキャラクターの魅力は、かわいらしさです（抽象）。具体的には、ぱっちりとした目、微笑んでいる口元、そして頭が大きくてお腹が出ているところが特徴です（具体）」

「このキャラクターは、頭が大きくてお腹が出ています。目がぱっちりして、口元は微笑んでいるところも特徴で、かわいらしいところが魅力です」

いずれも、先の順序の方が理解しやすいと分かるでしょう。話を聞いて理解するときには特に、このように全体像が先に耳に入ることが大切です。

3―箇条書き法

箇条書き法とは文字通り、**まず要点を短くまとめ、それに番号をつける箇条書きで述べていく方法**です。ビジネス文書で、ポイントがはっきりして読みやすいのでよく用いられます。最初に要点が全部でいくつあるかを挙げ、それからひとつひとつについて述べていきますので、ホールパート法の一種とも言えますが、箇条書き法は数を強調する点に特徴があります。

例を示しましょう。会議で提案について説明する場面です。

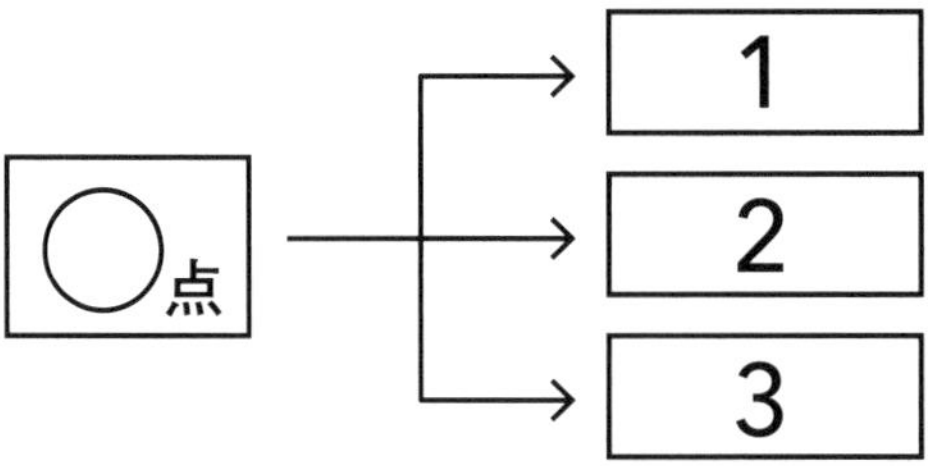

箇条書き法

「電子マニュアル作成の提案ポイントは3点です。

1点目は若手社員の利用度アップです。若手は紙媒体よりもデジタル機器に親しんでいます。

2点目は制作コストの低減です。現在の紙マニュアルよりも30%ダウンできます。

3点目は改訂のしやすさです。内容の改訂があっても印刷のし直しがないため手間も経費もかかりません」

このように整理して発言すれば、聞いた人は理解しやすく記憶にも残りやすくなります。

箇条書き法の長所を活かすためには、**最初に数をはっきり言うこと、そしてそれぞれに短く要点を述べ、補足はあとにすることがポイント**です。ここを意識せず、思いついた順になんとなく話し出すと次のようになります。

「電子マニュアル作成の提案ポイントは、まず若手は紙媒体よりもデジタル機器に親しんでいるので、利用度がアップすることです。次に、紙マニュアルよりも製作コストが30%安くできます。それから、内容の改訂があっても印刷のし直しがないため、手間も経費もかかりません」

これでは聞くほうは内容が頭に入りにくい上、いつまで話が続くのか分かりません。

また、ポイントとして挙げる数は1つから3つ、多くても5つくらいまでにとどめましょう。ポイント数を少なく絞ることでまとめやすくなり、また聞き手には覚えやすい話になります。

4 ― 時系列法

物事を時間軸にそって述べていくのが時系列法です。過去から現在、そして未来へという順でも、あるいは現在から過去へとさかのぼっても構いませんので、一定の順序に従って述べます。**出来事の報告や状況説明など、客観性が求められる場面でよく使われます。**

トラブルとその対処の報告の場面で例を示しましょう。

「最初に機材に異常があるとの連絡が入ったのは6月10日の午前です。その日の午後に担当者が修理しました。翌日11日は異状がなく、12日午後になって機材が動かなくなりました。原因を調査していますが、現在も判明していません」

時系列法

時系列法はこのように想像や主観を交えずに述べることがポイントです。この点に意識を持たないと自分が言いたいことを優先して発言してしまい、聞き手の理解を混乱させます。

よくない例を示してみます。

「6月12日午後に機材が動かなくなりました。原因は今も分からないのですが、前日には異状はなかったので、急に動かなくなるのはおかしいと思います。10日の午前中に異常があるとの連絡があって、その日の午後に担当者が修理しているので、その修理の仕方がよくなかったんじゃないでしょうか」

時間軸が一定でないことに加え「動かなくなるのはおかしい」「修理がよくなかったのでは」と主観、想像が入っています。こうした伝え方で報告や連絡をして、仕事の関係者を戸惑わせる人は少なくありません。

事情説明や事故やトラブルの報告、連絡の際には、特に意識して時系列法を用いるとよいでしょう。

5 ― 起承転結法

起承転結法とは、次の4段落で話を進めるものです。

起　まず話題を出し、話始めます。
承　その話題をさらに続けます。
転　前に述べたことから一転して、違う話を出します。
結　全体をまとめ結論づけます。

これは、もともとは漢詩の構成法で文学的な面白さや味わい深さを表現するものです。そのため、**意外性の話をしたいときや、イメージを広げたいときに効果的**です。論理的、客観的な伝え方が求められるビジネスシーンには向かないので、どちらかと言えば、スピーチ慣れした上級者向けの構成と言えるでしょう。

リラックスした雰囲気のパーティや懇親会でのスピーチなどで、気の利いた話をして聞き手を楽しませたり、感心させたりしたいと

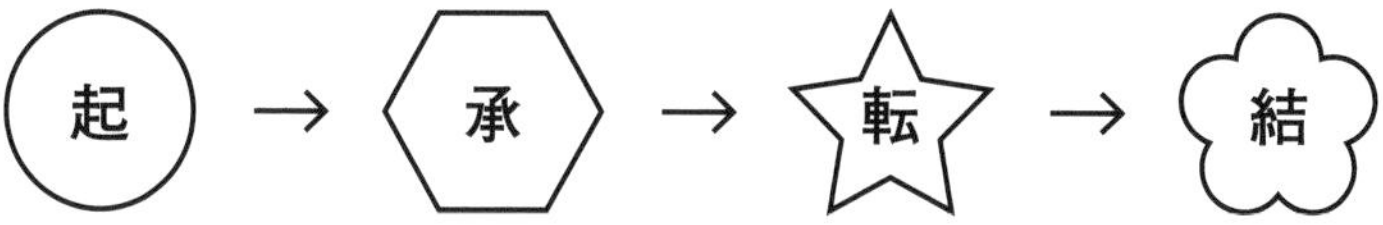

起承転結法

きに使ってみてください。

この構成方法がどんなものか、まず分かりやすい例として、江戸時代に庶民の間で流行った詩歌を挙げましょう。

起　京の五条の糸屋の娘
承　姉は十六、妹十四
転　諸国諸大名は弓矢で殺す
結　糸屋の娘は目で殺す

はじめは京都に住む糸屋の姉妹について述べていますが、突然、姉妹とはまったく関係がなさそうな大名が出てきます。そして大名が持つ武力と姉妹の目を重ね合わせ、姉妹が大変魅力的であると結論づけています。大名と商人の娘という意外な対比が、イメージを豊かに広げて効果を上げていることが分かります。

これをビジネスシーンに応用した例を挙げてみましょう。自社PRをしている場面です。

「弊社は、社員5人の小さな会社です。それだけに意思決定の速さには自信があります。大昔、氷河期にマンモスは絶滅しましたが、小動物は生き残りました。弊社も小回りを活かして、現代の社会状況の中で頑張ってまいります」

話の途中で、関係のないマンモスを持ち出すことで聞き手の興味を惹きつけ、結論へと導いていきます。

「大企業がつぶれるような環境でも、零細企業には生き残る可能性がある」と直接的に表現するよりも効果的だと言えるでしょう。

発想法としてのフレームワーク

5つのフレームワークを紹介してきました。それぞれ、シンプルな枠組みですので「こういう順番で話せばいいのだな」と覚えるだけなら、そんなに難しくはないでしょう。しかし、実際にとっさの場面で使いこなすためには、日頃の心がけとトレーニングが必要です。

そのために、まず押さえたい大切なポイントがあります。それは、**話す内容を全部決めてから構成法に当てはめるのではなく、まず構成法を決めてしまいそれにそって話す内容を考えることです。**

フレームワークは、構成する方法であると同時に、発想法、つまり考えるための方針と順番を示してくれるものでもあります。この特長を即興スピーチに活かしましょう。

自分を話下手、まとめ下手だと思っている人の多くが「言いたいことが考えつかない、思いついてもまとめられない」と言います。「何を話そうか」とばくぜんと思うだけでは、いい考えは浮かびませんし、浮かんだとしてもまとまりません。すぐに話を始めなければならない場面では間に合いません。

「自分の意見を、説得力を持って述べたい。PREP法を使おう」
「言いたいことがいくつかある。箇条書き法でまとめよう」
「面白い話をしたい。起承転結法で考えてみよう」

このようにフレームを決めてしまえば、次は枠に入れる中身をひとつひとつ考えればいいのですから、**ばくぜんと悩まなくて済む**ようになります。自分の仕事や生活で使う機会が多そうなフレームをひとつかふたつ選んで、まずはそれをマスターするとよいでしょう。

実は、ものごとをスピーディに処理できる、いわゆる「頭がいい」「仕事ができる」と言われている人の多くは、このような考え方を身につけています。みなさんの職場の上司や同僚、友人、知人の中にこんな人がいないでしょうか。

「企画書や報告書をあっという間にまとめて、いつも締め切り前に提出している」

「忙しくて準備の時間などないはずなのに、立派なプレゼンテーションができる」

こういう人は、何かを考え発表するときに「何を、どのようにまとめようか」とは思い悩まないものです。自分が日頃から使い慣れたフレームワークを選んで、そこに内容を盛り込んでいきますので、短い時間の中で文章を書いたり、プレゼンテーションを準備したりすることができます。

囲碁や将棋、相撲やその他のスポーツ競技などでも、優れた選手は「自分の得意な型を持っている」と評されることがあります。競技や試合の流れを自分の望む方向に動かす技を持っていれば、相手よりも優位に立つことができます。

ビジネスにおいても、自分が使い慣れた得意なフレームワークを持っておけば、いろいろな場面で有利になれるのです。

フレームワークで話しながら考える

フレームワークが使いこなせるようになると、即興スピーチの力が格段にアップします。

それは、**フレームの順番に従って考えることで、考えながら話し、また話しながら考えることができるようになる**からです。

わたしたちは日頃、話をするときには思ったことをそのままなんとなく口にしたり、相手が言ったことに反射的に返答したりしているものです。気軽な日常会話ならこれで問題はありませんが、改まった場面でもこの習慣が抜けないと困ったことになります。

「話がまとまらない」、「自分でも何を言っているか分からなくなってしまう」という悩みは、この日常会話の意識と話し方のまま人前に出てしまうことが原因です。

それでは、どのように考え話せばいいでしょうか。ここで、まずはビジネスシーンで使いやすいPREP法を例にとって説明しましょう。会議で、上司からいきなり意見を求められた場面です。

「このシステムをうちの会社に導入しようという案があるが、どう思う？」

「そうですね、わたしは……（まずはPを言おう。賛成とも反対とも言えないから……）すぐに決めずにもう少し、他のシステムと比較検討したほうがいいと思います。（よし、次にR、即決しないほうがいい理由を考えよう）その理由は……他にもう少し、安く済む方法があるかもしれないからです。（次はEだ。安さを理由にしたから、価格についてもう少し具体的に述べよう）このシステムの利用料は月5万円ですよね。正直、高いのか安いのかよく分かりません。これが相場なのか、他社はどうなのかを調べてから決めたいです。（よし、これで最後にまとめを言おう）ですので、もう少し検討すべきというのが、わたしの意見です」

このようにフレームにそって考えながら言葉をつないでいけば、聞き手は「なるほど、筋が通っている」と思います。

思いついたことを反射的に、「いや、わたしはなんとも言えないですね。値段の相場が分からないんだから。他社はどうなんですか」と答えてしまうより、ずっと上司からの評価も上がるでしょう。

箇条書き法でも例を示します。営業販売の場面で、顧客から質問された場面です。

「この商品のお勧めポイントってなんですか」

「お勧めポイントですね。（いろいろあるけど、一度にたくさん言っても話がくどくなる。3つに絞ろう）3つあります！（よし、まず1つ目と2つ目のポイントを言おう）第1に高性能であること、第2にお求めやすいお値段であることです。（3つ目は何を挙げようかな。もう少し話しながら考えよう）これだけの機能がついている商品であれば、他社製品では2割ほど高くなります。それに今はキャンペーン中でポイントもつきます……（よし、3つ目にはコンパクトさを挙げよう）そして3番目のお勧めポイントがサイズです。小さめなのでどんな場所に置いても邪魔になりません」

このような説明の仕方であれば、顧客も納得するとともに「この商品のことをよく知っている営業担当者だ」と信頼感を持ってくれるでしょう。

ポイントを整理せずに、「いろいろな点でお勧めできますよ。まずは性能がいいですし、お値段も安いです。キャンペーン中でポイントもつきますし、デザインもいいし……それにコンパクトで邪魔にならないサイズですよね」などとだらだらと話を続けては、顧客の心はつかめません。

PREP法と箇条書き法を例に、考えながら言葉を続けていく話し方を示しました。発言内容が全部決まっていなくても、まず結論なりポイントの数なりを言ってしまい、それを足がかりにしてフレームにそって、次の発言を考えていけば自然と筋道が通った話になります。

実は、このような話し方は、脳を有効に働かせるためにも効果的です。

急に質問されたり、発言を求められたりしたときに「ええと、あのお、そうですねえ……」と言い淀みを連発しながら考え込んでも、いい返答は思いつきません。これは、脳が何を考えればいいのか分からない状態だからです。

しかし、まずは「それについては、わたしはひとつ、言いたいと思います」と口に出してしまえばその声が自分の耳に入り、脳に「ポイントをひとつ探せ！」という指令がいきます。そうするとやるべきことが明確になりますから、脳はなんらかの答えを探し出してくれるものです。

自分の発言で自分の脳を動かす、これが即興スピーチに構成法を活かす大きなメリットであると言えるでしょう。

これについて、わたしの知人のある大学教授が面白いことを言っていました。

その人は、講義や学会で質問を受けると、どんなものでもまずは「それについては3つの点からお答えします」と言うのだそうです。そして、こう話してくれました。

「1つ目の点は、だいたいすぐに頭に浮かぶものなんですよ。それを話しながら、2つ目は何を言おうかなあ、と考える。思いついたらそれを話しながら、今度は3つ目を考える。これでだいたい言いたいことは言えるし、話もまとまります」

「でも……どうしても3つ目が思いつかなかったら、どうするんですか？」

そう尋ねると、その人はこともなげに言いました。

「そういうときは、本日は以上の2点でお答えとさせていただきます！　と宣言して終わりにしちゃえばいいですよ。3つと言ったじゃないか、3つ目はなんなんだ！　と食い下がってくる人はいないよ」

さすがに人前で話し慣れている人は度胸がすわっているなと感心しました。**大事なのは「3つと言ったから絶対に3つ話さなければ」と、自分を縛るのではなく、まず「3つの点から」と言って自分の脳に刺激を与えて、考えるきっかけとすること**です。

このように、フレームワークを自在に使いこなしている人はフレームにこだわることもありません。

PREP法でも、要点Pと理由Rを言ったあとに、どうしても具体的な事例Eが思い浮かばなければ、そのまま最後のPを言ってまとめてしまえばいいのです。聞き手は、話の内容に関心を向けています。構成法が完全に使われているかどうかなどまったく気にしてはいません。一部分が省かれたとしても、全体として筋が通りますから「なるほど、まとまった話だ」とうなずいてくれるものです。

このように、フレームワークを自由につかいこなせるようになると即興スピーチがいっそう楽に、楽しくできるようになります。

フレームワークの合わせ技

長い発言や、込み入った内容を伝える際には構成法を組み合わせて使うこともできます。即興スピーチがやりやすくなることはもちろん、本番まで時間があるスピーチやプレゼンテーションの準備に使っても、時間を効率的に使えます。

いろいろな組み合わせがありますが、ここではよく用いられる3つのパターンをご紹介しましょう。

1―ホールパート法と時系列法の合わせ技

まず全体像を示し、その後で部分的な説明をしますが、その中に時系列を含めるものです。会議の進行説明で例を示します。

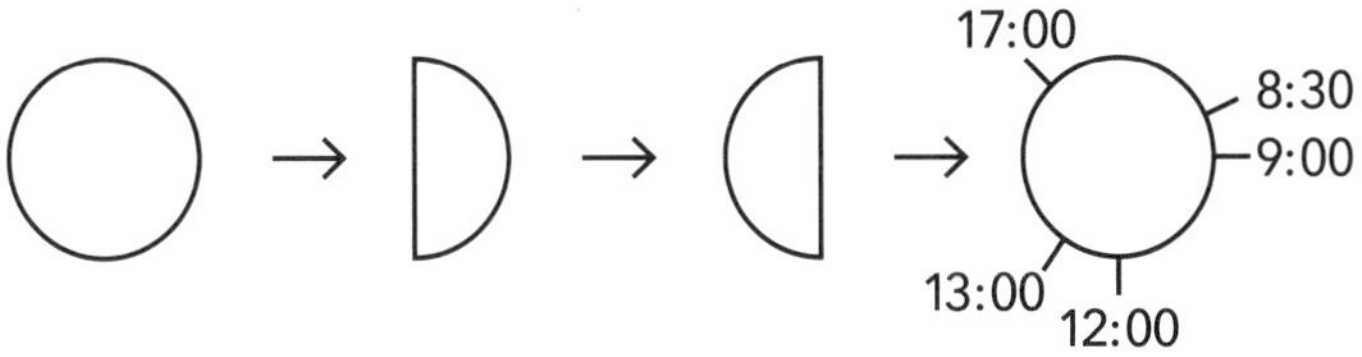

ホールパート法と時系列法の合わせ技

「9月1日実施の合同研修についてご説明します。会議はテーマを「顧客満足向上」として丸1日かけて行います。午前中は全体での講義、午後は部署ごとのディスカッションとなります。進行は8時半から受付開始、9時から社長訓示、9時15分から講義で12時まで、12時から13時までは昼食休憩です。13時から17時までは部署ごとに進めます」

2 PREP法と箇条書き法の合わせ技

PREP法のR、またはEのところを箇条書き法にするものです。会議で主張する場面で、それぞれの例を示しましょう。

◎理由を複数挙げる場合

「わたしは、デザインAの採用に賛成です。その理由は2点あります。1つ目は経費が抑えられること、2つ目は納期が短縮できることです。デザインBはバリエーションが豊富で顧客にアピールできると思いますが、今はできるだけ安く、早く対応することが重要です。そのためAがいいと考えます」

◎具体例を複数挙げる場合

「わたしは、デザインBを採用すべきだと考えます。なぜなら、豊富なバリエーションが大事だからです。その点で成功した他社事例が3つあります。1つ目はX社の「スーパーX」、2つ目はY旅行社の「フリーツアー」、3つ目はZ製菓の「バラエティパック」です。いずれもバリエーションの豊かさで人気です。ですからうちもデザインBにすべきです」

◎理由を複数挙げ、それぞれに事例をつける場合

「わたしはデザインAがいいと考えます。Aを推す理由は2つです。まず和のテイストであること。市松模様や青海波模様など日本

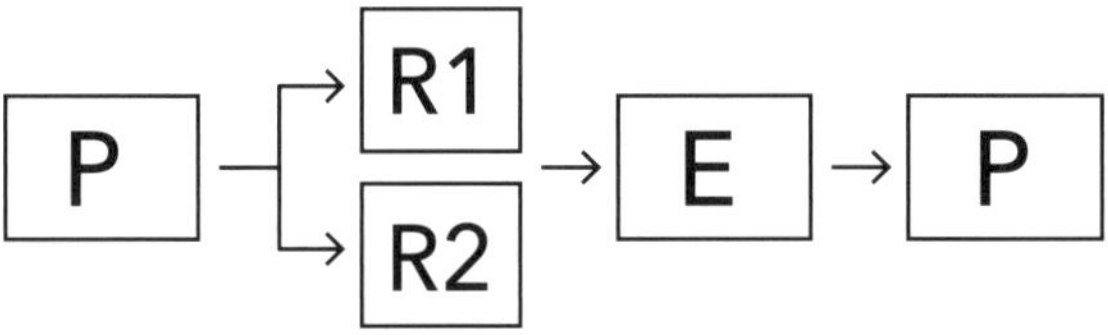

※理由を複数挙げる場合

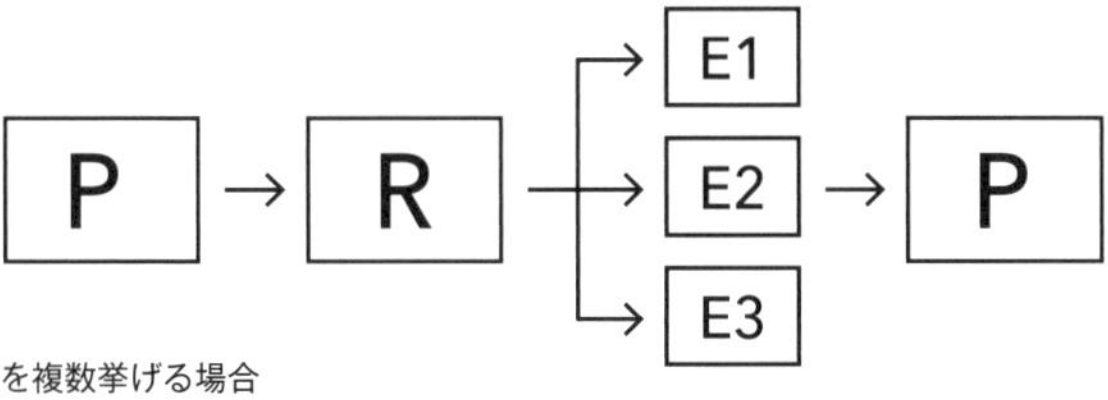

※具体例を複数挙げる場合

PREP法と箇条書き法の合わせ技

伝統の柄が特徴で、これは海外向けにアピールできます。もう1つの理由は色使いです。基調となるブルーは我が社の商品に多く用いられていますからイメージの統一がはかれます。これらのことからAを推します」

3―PREP法と起承転結法の合わせ技

この2つは、ともに四段構成なので相性がよいものです。PREP法は論理的な説明や説得に向きますが、このEの部分を転として相手が予想しないような内容にすると意外性があり、話に膨らみが出て聞き手を惹きつけます。

印象的な自己PRをしたい場面で例を示

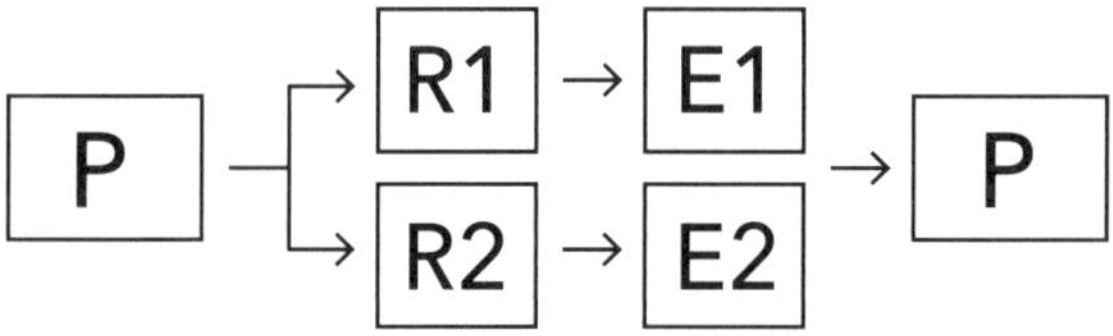

※理由を複数挙げ、それぞれに事例をつける場合

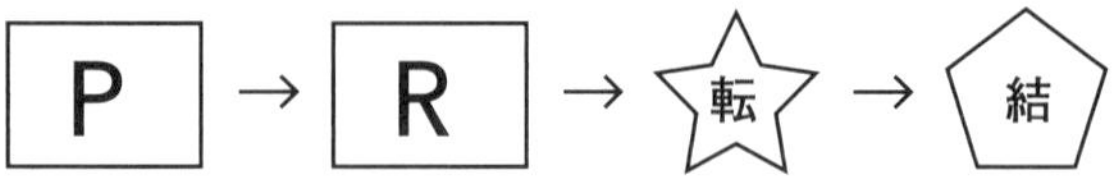

ＰＲＥＰ法と起承転結法の合わせ技

しましょう。

「わたしは、おとなしくて目立たないとか消極的だと言われがちですが、そこを長所として挙げたいと思います。なぜなら目立つ人ばかりではよいチームワークはできないと思うからです。バラの花束もバラだけよりもカスミソウが入ったほうが華やかになります。わたしはカスミソウのような存在としてチームに貢献できればと思っております」

5つの合わせ技例とそれぞれの図を示しました。こうした図をもとにして、自分なりにいろいろな発言例を考えてみてください。そのときのポイントは、**話す内容を言葉、文章で作ろうとするのではなく、まずは図を頭に思い浮かべる**ことです。頭の中にフレームを作り、その枠内に「何を入れようかな」と考えれば、アイデアが浮かびやすくなりますし、全体的にもバランスのよい発言になります。

自分が言いたい内容にマッチする構成方法をすばやく選び、その図を思い浮かべることができるようになれば、どんな場面での即興スピーチにも自信を持って対応できるようになります。

第5章 実践スキル編2
機転を利かせて即興スピーチの難易度を下げよう

真面目さが心の柔軟性を奪う

即興スピーチ力を上げるためには、柔軟な発想が必要です。

よく、人前に立って話すのは苦手だという人から「何を言っていいか分からなくて、困ってしまいます」という相談を受けます。

「自分の好きなことを言えばいいじゃないですか」とアドバイスすると、「いや、だから、それができないんですよ」と、ますます困った顔をされます。

たしかに、いきなり「何かしゃべれ！」と言われたら、誰でも戸惑ってしまうでしょう。

しかし「それなら！」と、すぐに話題を見つけて話し始められる人もいれば、そのまま固まってしまう人もいます。ありきたりの言葉を口にしてその場をしのぐ人もいれば、気の利いたことを言って周りを感心させられる人もいます。

その差はどこにあるのでしょうか。

話すのが苦手な人は、その理由を「話下手だから」とか「緊張してしまうので」と言うことが多いものですが、実はそれよりももっと深い原因がある、とわたしは考えています。

こういう人は「ちゃんとしたことを言わなければ」と意識しすぎたり、「こんなことを言ったらどう思われるだろう」と相手や周囲に気を遣いすぎたりしているようです。つまり、**他人基準で自分が何を言えばいいか、を考えてしまう**のです。自分よりも他人を優先していては「自分の好きなこと」は思い浮かばないでしょう。

この**他人を意識しすぎる考え方が、心の柔軟性を奪い、緊張を生む原因になっているのではないか**と思います。

このことは、コミュニケーション研修をしていると特に感じます。わたしは、研修でよく即答力を高めるための演習をします。受講者に質問をしたりテーマを出したりし、それに対してすぐに1分以内で終わる程度の短いスピーチをしてもらうものです。

その際、第4章で述べたフレームワークが活用できます。講師が「好きな食べ物は？」と尋ねたら「わたしが好きな食べ物は〇〇です。その理由は～」とか「好きな食べ物は3つあります。〇〇と△△と××です」のように、さまざまな構成方法を使いこなす練習として行います。

そうすると、どんな質問やテーマを与えられてもスムーズに話せる人もいれば、言葉に詰まってしまう人もいます。その差が一番表れるのが、自分にとって関心がない質問やテーマが出たときです。

例えば、「好きなタレントは誰ですか？　その人について話をしてください」という質問が出たけれど、好きなタレントなど特にいない……。そんなときにどうするのかに、心の柔軟性の差が表れます。

「ちゃんと相手の意図にそった、相手が期待しているような答えを言わなければ」と思い込んでいる人の多くは、「え？　……別にいません。テレビとか見ないんで……」と、言葉に詰まり、押し黙ってしまいます。

「なんでもいいので、なにか自由にお話してください」と促すと「だって、いないのですから答えられません」と頑なになったり、中には「ウソをつけと言うんですか」と驚いたり、反発したりする人もいます。真面目な態度だとは言えますが、こういう人では即興スピーチをするのもなかなか難しいものです。

スピーチテーマを拡大解釈する

しかし、柔軟な発想ができる人は、こんな対応をしてくれます。

「わたしは、好きなタレントを挙げろと言われて、思い浮かびません。なぜなら日頃、あまりテレビを見ないのでどんなタレントがいるかよく知らないのです。では、テレビを見ないで何をしているのかと言われると、わたしは読書好きなので本を読んでいます。ですから、好きな作家は誰か、と聞いてもらえればうれしいです。そういうわけですので、好きなタレントはいないということで、答えとさせてください」

いかがでしょうか。「好きなタレントはいない、だから答えられない」と押し黙ってしまうのではなく「いない、それがわたしの答えだ」と、堂々と自分の好きなものについて語っています。これはPREP法を用いた立派な即興スピーチだと言えます。

他にも、いろいろな対応の仕方があります。

「好きなタレントはいませんので、好きなキャラクター、ということで答えさせていただきます」

このように「キャラクターもタレントも似たようなものだよね」とテーマを拡大解釈し

て、自分の好きな話に結びつけることもできます。

「今はいないのですが、幼稚園の頃、テレビの幼児番組に出てくる歌のおねえさんの大ファンでした」

これも「昔の話でもいいよね」と、質問の範囲を自分の判断で広げています。

「テニス選手の錦織圭です。彼はスポーツ選手でタレントじゃないよと言われると思います。しかし、彼のタレント性はいろいろなCMやバラエティ番組で発揮されています」

これは「職業としてのタレントじゃなくても、タレント性のある人物ならいいでしょ」と、やはり自分なりに質問を解釈して答えた例です。

このように、**知識や関心がないことを質問されたりテーマとして与えられたりしても、ちょっとした機転を利かせて、自由に自分の好きなことを言えばいい**のです。そうするとそこに個性が生まれ、「発想が豊かだ」「ユーモアがある」という評価にもつながります。

自分が好きなことなら会話は楽しい

このように、自分が好きなことを言えるようになるためには、ある面で発想の転換が必要です。それは、日常のコミュニケーションとは解答欄に答えを書くテスト問題のようなものではなく、正解はないのだ、ということです。

他人や周囲に気を遣いすぎる人は、「好きなタレントは？」という質問をまるで試験問題のように捉えてしまいます。「タレントの名前を挙げることを求められている。相手の意にそう答えを出さなければダメだ……でも、いないし……」。

こう考えてしまっては、言葉は出ないでしょう。答えが分からなければテストの回答欄を空白のままにするしかないのと同じように、黙り込むしかありません。これでは、コミュニケーション力がある人だとは言えません。

実は、こういうふうに**「相手が期待していそうな発言をしなければ、と思うあまりに言葉が出なくなってしまう」**という人は少なくありません。そういう人はスピーチどころかちょっとした日常会話でもうまくできず、「自分は話下手だ」と思い込んでしまいがちです。でも本当はそうではなく、ただほんの少し、機転を利かせることができないだけではないでしょうか。他人や周囲を気にせず、何が正解かなどと余計な気を回さずに自分の好きなことを言えばいいんだと思えば、もっと自由に話ができるはずなのに残念なことです。

以前、ある人からこう相談されたことがあります。

「初対面の人と話すのが苦手で……特に、初めて会う人ってたいてい、ご趣味は、って聞くじゃないですか。あれがイヤなんです。わたし、趣味なんかないんですよ。仕事が忙しくてヒマな時間もないし。だいたい、なんで他人の趣味なんて知りたがるんでしょうか？」

この人も、「趣味を尋ねられたのだから、趣味を答えなければいけない。しかし、ないのだから答えられない」という狭い考え方にはまっているのです。

「ご趣味は？」

「……ないです」

こんな会話しかできなければ、人間関係は広がらないでしょう。

では、どうすればいいでしょうか。先の「好きなタレントは？」に対する返答の例から、考えてみましょう。

「趣味と言えるほどのものがないんです。なぜなら、忙しくて自分の好きなことに使える時間がないんです。実は今、職場で人手が足りなくてなかなか休みも取れません」

このように「ない」ということを答えとして話を展開すれば、相手も「それは大変ですね」と仕事のほうに話題を移してくれるでしょう。

「今はないのですが、老後は趣味を持ちたいなと思っています。釣りなんかやってみたいですね」

これは「今じゃなくても、先の話でもいいよね」と、質問の範囲を広げた例です。「今はありませんが、もしお金と時間がいくらでもあったらやってみたいことは……」と、夢や希望を語ることもできます。

「趣味はありませんが、特技ならあります」

このように**話題の範囲を広げて対応することもできる**でしょう。

この答え方を見て、「自分には趣味もなければ特技もない。だからこれは使えない」と思う人もいるかもしれません。もしそうだとしたら、それも柔軟性不足です。「特技」は何でも構いませんし、「何でもいい」と考えれば特技のない人はいないでしょう。

「特技というからには、他の誰にもできないようなすごいことでなければならない」という思い込みがあると、「自分には特技もない」と限られた発想になってしまいます。

しかし例えば、生卵をうまく割れるとか、ネコに懐かれやすいとか、寝つきがよくてうるさい場所でもすぐに寝られるとか、そういうちょっとしたことでも「特技」と言っても構わないはずです。他人がどう言おうと、自分が「これが特技だ」と思えばそれでいいのだと開き直って考えれば、きっと何かが見つかります。

「趣味と言えるほどのことはありませんが、特技ならあります。初めて行った街でおいしい店を見つけるのが得意です」

こんな返答ができれば、趣味を答えられなかったとしてもその後の会話ははずむでしょう。

このように、どんな話題であっても機転を利かせて自分の好きなことに結びつけられれば、コミュニケーションは楽しくなります。これこそが、日常生活でも役立つ即興スピーチ力だと言えるでしょう。

即興スピーチ力を磨くことで、日常のちょっとしたやりとり、特に初対面やあまり親しくない人との会話も、気まずくならずに楽しむことができるのです。

オズボーンのリストによる発想法

それでは、どうすれば機転が利いた柔軟な対応や発言ができるようになるでしょうか。そのひとつのヒントとして、ここで「オズボーンのリスト」と呼ばれるものを紹介しましょう。

「オズボーンのリスト」とは、オズボーンという1900年代に活躍したアメリカの実業家、教育者により考案されたものです。オズボーンはアメリカ有数の広告会社の経営者として、また大学講師として創造性の教育に尽力した人物で、彼が発案した「ブレインストーミング」という集団でアイデアを生み出す方法は、今日も広く活用されています。

オズボーンのリストには、新たなアイデアを生み出すときに助けとなる、9つの発想の切り口が示されています。

その9つを挙げましょう。

①他に使い道はないか（Put to other uses ― 転用）
②他からアイデアが借りられないか（Adapt ― 応用）
③変えてみたらどうか（Modify ― 変更）
④大きくしてみたらどうか（Magnifty ― 拡大）
⑤小さくしてみたらどうか（Minify ― 縮小）
⑥他のものでは代用できないか（Substitute ― 代用）
⑦入れ替えてみたらどうか（Rearrange ― 置換）
⑧逆にしてみたらどうか（Reverse ― 逆転）
⑨組み合わせてみたらどうか（Combine ― 結合）

新しいアイデアは、まったくのゼロから生み出されるものではありません。わたしたちが今、持っている知識や経験は、すでにあるものを土台とし、そこから発想されたものです。オズボーンのリストは今持っているもの、あるものからどう発想して新しいものに変えるかのヒントを教えてくれています。

わたしたちの身の回りには、このリストによって考え出され、活用されている商品やサービスがたくさんあります。

例えば、スマートフォンは「パソコンと電話の機能を組み合わせたらどうか」、「大きなパソコンを小さくできないか」という発想、つまりリストの⑤と⑨をもとにして発想されたということができます。

「立ち食い」という蕎麦屋のスタイルを、コーヒーやステーキに応用して商品の値段を下げ、提供するスピードを上げようというカフェやレストランチェーンがありましたが、これはリストの②に当たります。

過疎化した地域で、使われなくなった民家をカフェや旅館にして街を活性化しようとの試みが報道されることがありますが、これは民家の他の使い道を探しているので①、さらに旅館はないが民家で代用できないかと考えたので⑥とも言えます。また農村を観光地に変えてみたとすれば③にも当てはまります。

わたしたちの日常生活でも、これらのリストに当てはまるような工夫は、誰でもいろいろとしているものです。

例えば、ダイエットのために材料を肉ではなく豆腐に変えた料理を作ったとしましょう。まず「いつもの料理を変えられないか」と考えたのですから③、ネットで見たレシピのアイデアをヒントにしたなら②、肉の代わりに豆腐をと考えたのは⑥⑦と言えます。「豆腐は、冷ややっこや鍋に入れる以外の使い道はないか」と考えたなら①です。「カロリーを小さくしたい」なら⑤も当てはまりそうです。

このように、わたしたちは知らないうちにさまざまな形でこのオズボーンのリストを使っています。そのため、新しいアイデアが欲しいけれども浮かばないときには、意識的にオズボーンのリストにそって考えてみると効率よく考えることができます。

これをコミュニケーションにも応用してみましょう。

機転を利かせた会話力

ここで機転を利かせて即答したい場面として、異業種交流会や懇親会、パーティなどで知らない人と会話をすることになった、という状況を考えましょう。知らない人とでもちょっとした雑談ができ、その場を楽しく過ごすことができるのは、ビジネスパーソンとして身につけておくべき基本的なコミュニケーション力です。

会話をきっかけに人脈を広げ、チャンスをつかむこともあり得ますから、ビジネススキルであるともいえるでしょう。では、次のような場面ではどう受け答えをすればよいでしょうか。

初めて会う人からこう話しかけられました。

「最近の政治をどう思いますか。経済状況が悪くなったのは与党のせいだと思いませんか」

いきなりこのような穏やかではない話を持ち出すのは、会話のマナー違反でしょう。政治や宗教など人それぞれの信条に関わる話題を出したり、他者を非難、批判するような言い方をしたりなどは、多くの人が楽しく談話する場では避けるべきです。しかし、現実にはこのように言い立てる人がいるものです。

これは、コミュニケーションの場におけるひとつのピンチと言ってもいいでしょう。うまい対応の仕方が求められます。

「わかりません、政治は興味なくて……」と黙ってしまってはその場がしらけますし、相手からも周囲からも「社会に対する知識や関心がない人」と思われます。しかし「そうですね」と相手に合わせてあいづちを打っていては、相手の批難、批判に同調していると思われます。周囲に「いや、与党はよくやっていますす」と反論する人がいれば、その場にふさわしくない議論になってしまうかもしれません。

このような「下手な応対をするとまずい」という状況は、ビジネスシーンにはよくあることです。オズボーンのリストをヒントにしてピンチを乗り切りましょう。

スムーズなコミュニケーションのために役立つ考え方を、オズボーンのリストをもとにして7つにまとめたものを、具体的なセリフ例と共に挙げます。

【1】この質問の意図、目的はなんだろう（リスト①他に使い道はないか）

「政治にお詳しいのですね」

「経済状況は確かに悪いですよね、お仕事でご苦労されているのではありませんか」

まず、相手の質問の捉え方を考えましょう。相手が「政治をどう思うか」と尋ねたのはどういう意図でしょう。こちらの意見を知りたいからでしょうか。

実は、そうではなく「自分の意見を言いたい、共感してほしい」からでしょう。「自分が話すきっかけとしてまず相手に質問する」というのは誰でもよくやることです。

そこで、興味や知識のない質問をされたら、無理に答えを探すよりも**「この会話は何の役に立てられるか」**を考えましょう。「この場を和やかにするため」「別の話題に展開するきっかけ」と新たな使い道を考えれば、会話の展開につながります。そうすれば無理に返答せずに相手の話を促す、柔軟な対応が取れます。

【2】何か情報はないか（リスト②他からアイデアが借りられないか）

「新聞によれば与党の支持率は下がり気味だそうですね」

「昨日、テレビの特集を見ました。経済的に困っている人は増えているようですね」

自分の意見ではなく、他の人の発言やメディアの内容で答えるのも一案です。テレビや新聞、他の人の話などから情報収集した内容を挙げると話題が広がりやすく、自説を主張しているわけではないので、相手と意見が異なっても衝突が避けられます。

[3] 話題を変えられないか（リスト③変えてみたらどうか、⑥他のもので代用できないか）

「経済もですが、リサイクル問題も政府が対策を考える必要がありますね」

「政治と経済の問題は、芸術活動にも影響します。先日、コンサートに行ったのですが観客が少なかったです」

相手の言葉に関連させながら、少し話題を変更して自分にとって話しやすい方向に展開させます。雑談の席であれば、話が多少ずれても、スムーズに会話が流れているほうがその場が盛り上がります。ただしあまり大きくずらさないように気をつけましょう。

[4] 視野を広げてみたらどうか（リスト④大きくしてみたらどうか）

「政治の不安から経済が悪化するのは、世界的な問題ですよね」

「政府の政策で経済が悪化したことは過去にもありましたね」

日本から世界へと話題の範囲を拡大する、現代から過去、場合によっては未来も含めて視野を広げるなどすると話題の範囲が広がり、話がしやすくなります。

［5］身近な話題に絞ってはどうか（リスト⑤小さくしてみてはどうか）

「政党でも会社でもリーダーは苦労がありますよね。うちの会社の社長もいろいろと経営努力をしていますが、今ひとつうまくいかないようです」

「経済状況よくないですよね、わたしもお小遣いが少なくて困っています」

身近な出来事や経験ならば、誰でも自信を持って楽しみながら話すことができます。一般的なことをばくぜんと語るより、**視点を小さく絞り自分の話題にするのもひとつの方法**です。具体的な話になるので、相手も関心を持ってくれるでしょう。

［6］視点や立場を変えてみてはどうか（リスト⑦入れ替えてみたらどうか、⑧逆にしてみたらどうか）

「与党がしっかりしていないのですから、野党が頑張ってほしいですよね」

「与党は、経済の悪化は自然災害と感染症流行の影響だと主張していますね」

どんなことでも、**ものごとは複数の視点、立場から見ることができます。**相手の発言について「逆から表現すればどうなるか」「言われるほうの立場からはどんな意見が出そうか」と考えてみると、また違った発言ができます。

［7］他の話題と関連づけられないか（リスト⑨組み合わせてみたらどうか）

「確かに経済状況はよくないですね。今日、集まっている方の多くは経営者ですから、そう感じている人も多いことでしょう」

「先ほどの、この会の主催者挨拶でも経済状況について触れられていましたね」

パーティなど多くの人がいっしょに過ごす場面では、**相手と共にその場で見聞きしているものを組み合わせてみるのもよい工夫**です。相手は「そうですね」と素直に受け止めることができ、また周囲の人も話題に入りやすくなり会話が広がります。


会話をスムーズにする7つの考え方を述べてきました。スピーチや挨拶などもこの考え方を応用すると、ユニークな表現や内容を見つけることができるでしょう。

会合などで急に「ここで一言、お願いします」と挨拶やスピーチを求められたときにも、これらのリストを活用しましょう。

「話をさせられる、嫌だな」と受け止めるのではなく、**気持ちを切り替え、「この機会を何に役立てようか」と考えてみましょう。**そうすれば「自分をアピールする」「聞いている人を楽しませる」など、なんらかの自分なりの目的が見つかるでしょう。

その上で次のようにいろいろと考えてみてください。

「最近、何か役立つような記事やニュースを見たかな」

「まじめな話ばかりじゃなくて、少し違うことをしゃべってみようかな」

「視点を広げて、または絞って考えたらどうだろう」

「自分がこの会の主催者ならどんな話をしてほしいかな。自分が聞き手ならどんな話が聞きたいかな」

「今、この会場内で見聞きしているもので、何か話題にできないかな」

こう考えれば、必ず、何か「これを話そう！」と閃くものが見つかります。「何を言っていいか分からない……」という悩みから解放され、自由に話題を選び、展開できるようになれば、話しぶりもいっそう活き活きと魅力的になることでしょう。

第6章 実践スキル編3

即興スピーチが想定できる場面別事例集

この章では、よくあるシーンでの即興スピーチの文例を読んでみましょう。ビジネスパーソンであれば誰もが「一言、お話しください」と言われそうな12のシーンを想定し、それぞれのポイントと、スピーチの例を示します。

ビジネスシーンでのスピーチには、ある程度、常識的に期待される内容や構成のパターンがあります。それを押さえておき「このシーンでは、だいたいこういうことを言えばいいんだな」とあらかじめ分かっていれば、いざというときに慌てなくて済みます。

ここに掲載したものを、自分のスピーチを考えるためのヒントとしてください。文例はいずれもおよそ400文字、1分から1分半程度で話せるようにしています。

1―自己紹介　フォーマルなビジネス上の集まりで

業界の懇親会や異業種交流会、名刺交換会など、ビジネス上の人脈作りをするようなフォーマルな場面での自己紹介です。

ポイントはまず、敬語を適切に用いて礼儀正しさを示すことです。言葉遣いで「しっかりとした常識ある人だ」という印象を与えましょう。

その上で、自分と職場についての情報、氏名や社名、所属部署、担当業務などを簡潔に伝えます。このとき大切なのが、積極的、発展的な印象を与えるような内容や言葉を選ぶことです。謙遜のつもりで「自分は知識、経験がない、未熟者だ」と言う人がいますが、それだけで終わってしまっては、周囲から好感を持たれません。ネガティブなことを言ったらポジティブなことを言い添えて前向きにまとめます。

また、聞き手に親しみを持ってもらうため、プライベートな話題も少し含めるとよいでしょう。最後は、聞き手に対する敬意を示し、これからのお付き合いを願う言葉で締めくくります。

【文例】

それでは自己紹介をさせていただきます。みなさま、初めてお目にかかります。東京株式会社人事部の鈴木一郎と申します。よろしくお願いいたします。

わたしは、5年前に東京株式会社に入社いたしました。現在は主に社員の募集採用業務を担当しております。みなさまご承知の通り、経営環境は厳しい状況ではございますが、弊社はおかげさまで少しずつですが採用者数を増やしております。わたしも、まだまだ経験不足ではありますが若い人たちとの出会いにやりがいを感じながら、日々業務に取り組んでおります。

家族は、妻とふたり暮らしです。趣味というほどのものはございませんが、歴史小説が好きで、お城巡りによく行きます。会社説明会で各地にまいりますので、その際にその土地の名所を訪ねるのも楽しみのひとつです。

本日、この会に参加させていただきましたのをご縁に、みなさまからいろいろとご指導いただければありがたく存じます。どうぞよろしくお願いいたします。

2 自己紹介　気軽な親睦・交流の集まりで

サークル活動やセミナーでの交流会など、個人として気軽に参加できる場に集まった際の自己紹介です。場を和やかにし、友達を作ることが目的ですので楽しく親しみやすい内容にします。言葉遣いも、フォーマルな場面ほど敬語を使う必要はありません。ただし初対面の聞き手に対して砕けすぎないよう、最低限の丁寧さは保ちましょう。

内容は、氏名や職業、出身地、趣味などを簡潔に伝えます。このときに大切なのは、これからおつき合いを始めるためのきっかけを提供する意識を持つことです。自己紹介というと「自分のことを簡単に述べて済ませればいい」と考える人が多いものですが、それではあまり意味がありません。自己紹介が終わった後に、聞き手が自分に話しかけてきやすくなるようなきっかけを作っておくことがポイントです。そのためには、聞き手に向かって話しかけたり、行動を呼びかけたりする表現を入れると効果的です。

【文例】

みなさん、初めまして。田中さとみと申します。学生時代の友達からはさとちゃんと呼ばれています。田中という苗字は多くてよく同じ人がいますので、今日はみなさんからもさとちゃんと呼んでいただければうれしいです。

わたしは千葉県からまいりました。仕事は医療事務で、千葉市内の内科クリニックに勤めています。毎年、この季節になると暑さで体調が崩れやすいせいか、患者さんが増えぎみなので、みなさんにもぜひ気をつけていただきたいです。

出身は熊本で、実家は水前寺公園の近くにあります。そんなところ知らないよという方はぜひ一度、チェックしてみてください。

趣味はヨガです。最近、友達に誘われて始めたばかりなのですが、身体が硬いわたしでも少しずつ続けていけば柔らかくなれそうな気がして、はまりそうな予感がしています。

この会に参加することも楽しみにしていました。今日は、みなさんと楽しいひとときを過ごせたらと思っています。どうぞよろしくお願いします。

3　自社紹介　会社について客観的に伝える

ビジネス関係の集まりで、自分が所属する組織について紹介、説明することになった場合のスピーチ例です。

「どのような会社か」を説明するには、大きく分けて2つの切り口があります。内側の視点から主観的に述べるか、外側の視点から客観的に述べるかです。

内側の視点とは例えば「チームワークがよく、風通しのよい職場」「福利厚生や教育が充実した、人を大切にする職場」のような社員として感じる点を取り上げるものです。それに対して外側の視点は、会社の場所や社員数、売上高、設立から現在までの社史概略などデータ的な内容を示します。

その場に応じて、このどちらに比重を置くかを判断してスピーチ内容を構成しましょう。聞き手が会社のことをよく知らないようであれば客観的に、会社案内パンフレットが配られているような状況であれば、データについては読んでもらって、主観的な面をスピーチで補足するとよいでしょう。

この文例では客観的な説明を中心として、出来事を時間の順に述べる時系列構成を用いています。

【文例】

弊社について紹介をとのことで、お時間をいただきありがとうございます。簡単にご紹介させていただきます。弊社、株式会社オーライトは１９７０年、昭和45年に創業者の大野直人により、照明器具の販売会社として創立されました。創立当時は創業者と他2名だけの小さな会社でしたが、その後、順調に発展を続け1985年には社員50名となり、大阪と札幌にも営業所を開設いたしました。2000年からはデザイン部門を設け、器具の販売だけでなくオリジナル商品の開発、それに照明を活かした店舗の設計を提案できるようになりました。現在は、社員数85名となり、福岡にも営業所を設けております。今後も時代の変化に対応しつつ社会のお役に立てるように努めてまいりたいと考えております。

簡単に、弊社の業務内容と歴史をご説明してまいりました。ご質問などございましたら、のちほどお気軽にお尋ねいただければと存じます。どうぞよろしくお願いいたします。

4 自社紹介　営業活動の一環としてアピールする

前項目と同様、会社を紹介する内容ですが、自社商品のPRを目的とした、営業色の強いスピーチを取り上げます。ビジネスパーソンであれば、営業担当者でなくても自社が扱う商品、サービスについてしっかり伝えられるようにしておきたいものです。単に説明するだけではなく「試してみようか」という気持ちになってもらえるような話をしましょう。

そのためには、まず商品やサービスに関心を持ってもらうことが必要です。どんな特徴があり、購入するとどんなメリットがあるのかを述べます。次に商品名を覚えてもらいましょう。命名の由来を語ったり、繰り返したりして印象づけます。

そして最後に、行動の促しです。商品、サービスを検索したり、店舗に来たりなどしてもらうよう呼びかけましょう。

アピールするスピーチですから、特に明るい表情や声が大切です。「あんなに感じのいい人が勧めるのなら、いいものに違いない」と思われる印象作りを心がけて話しましょう。


【文例】

有限会社佐々木企画の佐々木正也と申します。弊社の紹介をさせていただきます。弊社はオリジナル子供用品の製造と販売を手がけ、キンダーディズというブランド名で子供服や子供用寝具、ぬいぐるみなどを取り扱っております。

大量生産にはない個性的なデザインと丁寧な縫製で、多くの方から「かわいいし長持ちする」とご好評をいただいております。お子様がいらっしゃる方には、ぜひひとつお試しいただければうれしいです。お子様がいらっしゃらない方も、お友達やご親戚の方のお子様へのプレゼントにされると喜ばれると思います。

キンダーはドイツ語で子供という意味です。子供の毎日が楽しいものであるように、また誰もが自分が子供だった日々を懐かしく思い出せるようにと願って名づけたブランド名です。

店舗の他、ネットショップも運営しておりますので、ぜひ「キンダーデイズ」で検索してみてください。これをご縁に、キンダーデイズをぜひよろしくお願いいたします。

5―職場イベントの参加者感想

レクリエーション的なイベントの終了時や、打ち上げの会などで感想を求められたときのスピーチ例です。気楽に楽しんでいい場面ですので感想もリラックスして述べ、聞き手も盛り上がった気分の余韻を楽しめるような雰囲気を作りましょう。

ただし職場イベントは、単に楽しみのためにあるわけではありません。メンバーの親睦を深め、人間関係をよくして仕事をスムーズに行うためという目的があります。その目的を理解していることをしっかりと伝える内容、言葉遣いにする必要があります。

そこで、自分ひとりの感想を述べるのではなく、いっしょに楽しんだ同僚について話題にしたり、幹事や裏方を務めた人に感謝の気持ちを表したりと、聞き手を巻き込むスピーチにすると効果的です。周囲に対して目を向け、気を配る姿勢は聞き手に好感を持たれるでしょう。

この文例では「楽しかった」「なぜなら」「具体的には」と話を進めるPREP法を応用しています。

【文例】

今日の忘年会は、とても楽しかったです。それは、料理がおいしくて飲み放題だったから、というのはもちろんなのですが、何よりもみんなと話ができたのがよかったです。普段、あまり顔を合わせない他の部署や支店の人からも話しかけてもらえて、いろんな情報を聞けました。中でもびっくりしたのが、企画部の竹田さんが空手初段だと知ったことです。僕は勝手に、竹田さんみたいな人の趣味はお菓子作りとかかなと思っていたんですが、人って見かけによらないですよね。他にも意外な一面を持っている人がいっぱいいると思うので、またこういう機会を作ってもらえたらうれしいです。

最後になりましたが、幹事をしてくれた総務部の内藤さん、工藤さん、司会の佐藤さん、ありがとうございました。ビンゴの商品やグッズは、新人の皆さんが買いに行ってくれたそうで、それもありがとうございます。また来年も楽しみにしています。

6―職場研修の参加者感想

職場の研修や勉強会、講演会など学びの場に参加して、終了時に感想を求められた際のスピーチ例です。改まった場ですので、フォーマルな言葉遣いで、研修を真面目に受け止めた内容での感想が求められます。感想の述べ方で受講態度が評価されますから、思ったことを素直に言うだけではなく学んだ点や気づきについて構成を整え、具体的に述べましょう。

職場の研修や勉強会は、あとで報告書や感想文の提出を求められることも多いものです。それに備えて受講中から「報告や感想を述べたり、書いたりするときにはどこをポイントにしようか」と考えておきましょう。ばくぜんと講義を聞くのではなく「要点はどこだろう」「特に印象に残る点はどこだろう」「なぜそれが印象に残ったのだろう」などと問題意識を持っていれば、感想を求められてもすぐに発言することができます。

最後に、講師や研修を企画してくれた担当者への感謝も忘れずに述べましょう。

この文例では、箇条書き法を使い感想と反省の2点を整理して述べています。

【文例】

今日の研修について感想を述べさせていただきます。研修を通じてわたしが強く感じたことは、2つあります。1つは改善の重要性です。講師の方から、職場改善について実例を交えて詳しく教えていただき、どんな職場にも改善の余地があること、改善によって効率がよくなるだけでなく、社員の安全も守れることを改めて知りました。わたしもこれからは気をつけて仕事を見直したいと思います。

もう1つは、自分の社会人としての意識の甘さです。正直なところ、わたしは今までまだ入社2年目ですし、上の人から言われたこと、教わったことをやっていればいいんだと思っていました。しかしそれでは自分の成長もないですし、会社に貢献することもできません。明日からは、もう新人ではないという自覚を持って仕事に取り組みたいと思います。

講師の先生、またこの研修を企画してくださった人事部のみなさまにお礼を申し上げます。ありがとうございました。

7―結婚パーティでの祝辞

フォーマルな披露宴では、スピーチする人はあらかじめ決められていますが、友人同士の二次会や気軽なパーティでは、突然司会者から「ここでみなさんからお祝いの言葉を」と求められることがあります。そんな場面を想定したスピーチ例です。

まずはお祝いの言葉を述べ、簡単に自己紹介をします。その上で身近なエピソードを披露しながら、祝福の気持ちを述べましょう。多少は冷やかしたりうらやましがったりなど、くだけた発言をしてもよいでしょう。また、他の人のスピーチから話題を引くのも、集まった人の一体感を作り、会を盛り上げます。

ただし、注意しておきたいことがあります。新郎新婦や周囲の人たちとどんなに親しくても、主役のふたりの失敗談や暴露話などは避けましょう。またフォーマルな席同様、「切れる」「分かれる」などの離婚を連想させる縁起の悪い言葉は使わないように注意してください。カジュアルな場であっても「ただの飲み会ではない」という節度を忘れないようにします。

【文例】

孝さん、愛さん、ご結婚おめでとうございます！　わたしは愛さんの同僚の柴田と申します。わたしからも一言お祝いの言葉を述べさせていただきます。

わたしは愛さんとは、入社のときから同じ部署です。愛さんはもともと有能でしたが、去年の夏頃からさらに頭角を現してきました。企画コンペでは見事なプレゼンで新規依頼を獲得し、難しい資格試験にも合格し、まさにノリに乗って活躍している感じでした。

なぜこんなに絶好調なのかと思っていたのですが、先ほど、孝さんのお友達のスピーチで、ふたりの出会いが去年の春だったと知り納得がいきました。孝さんの存在が、愛さんをパワーアップさせていたんですね。支え合える人ができると、こんなにも人は頑張れるんだって思いました。わたしも早く素敵なパートナーを見つけたいです。

おふたりはこれから幸せな家庭を築いていかれると思います。ぜひ、おふたりのパワーでわたしたちにも幸せをおすそ分けしてください。本日は本当におめでとうございます。

8 受賞・表彰されての一言

業務上の成果を表彰された、あるいはさまざまな大会、コンテストで受賞したときのスピーチ例です。受賞が決まり、時間がたってから表彰式が行われる場合はスピーチを考える時間もありますが、発表後すぐに「一言お願いします!」とマイクを向けられることもあります。そんなときに驚いて言葉を失ったり、興奮して「やった!」などと叫ぶばかりでは、社会人として残念です。落ち着いて、受賞の言葉を述べましょう。

まず素直な喜びの気持ちを表します。それから関係者への感謝を、最後に今後に向けての決意を述べるとよいでしょう。懇親をかねたスポーツ大会や演芸会のような、リクレーション的な場であれば少々くだけた言葉遣いでもかまいません。ただし大勢の前、ときには檀上で述べることになりますので、姿勢をよくし堂々とした態度になるよう心がけましょう。

なお、注意として謙遜や遠慮をしすぎないことが挙げられます。「自信がなかった」、「たいしたことがないのに、賞をもらってしまった」などと述べると、本人は控えめな態度をとったつもりでも、周囲にいい印象は与えません。特に賞の主催者や選考者、入賞できなかった人などに不快感を与える恐れがあります。ネガティヴな発言は控え、喜びと感謝を簡潔にまとめましょう。

【文例】

本日は、思いがけずこのような賞を頂戴しまして、ありがとうございます。大変光栄に感じております。わたしの名前が受賞者として呼ばれ、びっくりしうれしかったのはもちろんですが、真っ先に浮かんだのは「ありがとう」という言葉でした。本当に、みなさんのおかげで、心から感謝したいと思います。

このコンテストにエントリーしたらどうかと勧めてくれた中田部長、今日までサポートしてくれた同僚のみなさん、それにつきっきりでコーチしてくれた佐藤さん、こうしたみなさんがいなければ、今のこの幸せな瞬間は訪れなかったでしょう。また今日、この会場でいただいた声援も大きな力になりました。改めて、自分が多くの人に支えられていると実感しました。

賞状に書いてあるのはわたしの名前だけですが、わたしはみんなで取った賞だと思っています。支えてくれた家族に感謝したいです。どうもありがとうございました。この気持ちを忘れずにこれからも精進してまいります。

9 ―新メンバーへの歓迎の言葉

職場に新人が入ってきて、朝礼や歓迎会の席で「先輩から一言」と言われた場面でのスピーチ例です。こういうときに、簡単に名乗って「よろしくお願いします」と挨拶をするだけではせっかくの人間関係作りのチャンスを逃してしまうことになります。また、先輩として頼りないと思われるのも残念です。初対面の人に囲まれて緊張している新人の気持ちをほぐし、早く職場になじめるような言葉をかけてあげましょう。

同僚の紹介をしたり、職場のいいところを述べたりすると、新人からだけでなく周囲の同僚や先輩、上司からも好感を持たれます。

こうした場面ではまず新人が自己紹介をし、その後、先輩や上司が歓迎の言葉を述べる順番になることが多いものです。その際には、新人の発言した内容から一部分を取り上げて触れると、しっかり話を聞いていたことが伝わり、いっそう信頼感を持たれます。

【文例】

山本さん、入社おめでとうございます。わたしは入社5年目になる佐藤ひろみと申します。よろしくお願いします。

初めての職場で、慣れないうちは戸惑うことが多いと思います。でも、ここにいるみんなも新人のときは何も分かりませんでしたし、いろいろと失敗もしていますので山本さんもあまり緊張しなくても大丈夫です。

うちの部は、上は60代から下は21歳まで幅広い年齢層のメンバーがいます。新卒で入った人も、中途採用の人もいますが、みんな和気あいあいとやっています。もちろん、毎日仕事をしていればたまには問題も起こりますが、わたしはこの職場のいいところは、みんながチームワークを大切にしているところだと思っています。特に経験豊富なベテランの先輩たちが頼りになりますので、分からないことがあったらなんでも聞いてください。

山本さんは、学生時代は接客販売のアルバイトをしていたそうですね。ぜひその経験を活かして頑張ってください。

10―異動、退職するメンバーへの送別の言葉

退職や異動などで職場を去る人へのスピーチです。別れを惜しむ気持ちで、感謝の言葉と

相手にまつわる思い出、エピソードを何かひとつ述べましょう。相手の人柄のよさや能力が、聞いている人に伝わるような内容にします。年長者には特に感謝とねぎらいの気持ちを伝えましょう。

相手が先輩や上司であれば、相手から受けたよい影響や知識を活かす姿勢を示し、今後に向けての自分の決意や心構えを述べると好感が持たれます。

なお、ひとつ気をつけておきたいことがあります。「頑張ってください」という励ましの言葉は、上から目線だとか他人事のようだなどの悪い印象を与えることがあります。年長者や、職場に合わなくて残念な気持ちで辞めて行く人などに向かって安易に「これから頑張ってください」と言うと、不快に思われる場合があります。感謝や健康を願う言葉で締めくくりましょう。

【文例】

鈴木さん、今日がこの職場でごいっしょできる最後の日ということで、わたしからも一言、ご挨拶をさせていただきます。この3年間、本当にありがとうございました。

鈴木さんはわたしにとって、ずっと頼りになる先輩でした。特に、鈴木さんがリーダーになられた新規プロジェクトのメンバーとして、仕事のやり方を実践的に教えていただけたことは、本当にありがたかったです。新しい業務に不慣れで、ミスをして落ち込むこともあったわたしにさまざまな配慮やアドバイスをしてくださり、感謝の気持ちでいっぱいです。鈴木さんがいなくなってしまうのは本当に残念で、正直、心細くもありますが、鈴木さんから教わったことを活かし、今度はわたしがそれを後輩に伝えていけるように頑張ります。

これから鈴木さんは新しい生活を始められるわけで、いっそう活躍されることと思いますが、くれぐれも健康に気をつけて過ごされますように願っております。ありがとうございました。

11 忘年会での今年の振り返り

12月になると、クリスマスパーティや忘年会で「今年はどんな年でしたか」と話題を振られることがあります。1年間にはいろいろなことがあるものですから、急に言われると「何から話そうか」と混乱して話がまとまらなくなりがちです。そんなときには、ばくぜんと1年間どうだったかと考えるのではなく、一定の枠組みを決めて話を構成するとよいでしょう。

時系列的に1月から順に思い出してもいいですし、春、夏、秋、冬の4区分、あるいは前期と後期の2区分にしてそれぞれ印象に残ったことを述べるのも簡潔です。

また時間以外の要素で分けることもできます。この文例では「残念だったこと／よかったこと」、それに「仕事／プライベート」を軸に話をまとめています。

最後に来年への抱負を短く述べると、締めくくりとして効果的です。

【文例】

今年を振り返って一言、ということですので、残念なことを1つ、いいことを2つ述べてみたいと思います。

まず残念だったのは、9月の資格試験が不合格だったことです。年の初めに「絶対合格」と宣言したのに、勉強が足りなかったようで反省しています。

よかったことは、仕事とプライベートで1つずつあります。仕事では5月のイベントが成功したことです。わたしは初めてチームリーダーになり、分からないことばかりでしたがメンバーの協力、それに先輩のアドバイスでなんとか成功させることができました。みなさんに感謝しています。

プライベートでは、休暇に念願だった海外旅行に行きました。以前から行ってみたかったシンガポールに行けて、いろいろと見聞を広げることができました。

来年は、資格試験に再チャレンジし今度こそ合格を目指します。そして残念なことはできるだけないように、いいことをさらに増やすように頑張っていきたいと思います。

12 ― 新年会での今年の抱負

年が明けたら「今年の抱負を述べて」と求められることは、新年会に限らず、仕事始めの日の朝礼などでもあり得ます。新年には、多くの人がその年の目標や方針を立てるものでもありますので、この場面はいきなり発言することになったとしても、ある程度は考えがあるでしょう。新年会に限らず、年度始めのミーティングや誕生日祝いなど、年の節目の集まりがあったら、抱負についてスピーチする機会があるかもしれない、と心の準備をしておきましょう。

その際に大切なのが「しっかり具体的に考えています」と周囲にアピールできるかです。特に職場で先輩や上司がいる場面では、そこを意識して発言しましょう。「今年はこうしたい」とばくぜんと述べるのではなく「こうしたい。そのためにはこれを、このように行う」と、具体的な行動計画に落とし込んだ内容にします。

この文例はＰＲＥＰ法を用い、具体的に述べる部分を箇条書き法でまとめています。

【文例】

今年の抱負を述べます。今年のわたしの抱負、テーマはずばり「健康管理」です。なぜこれにしたかというと、昨年、健康診断での数値が悪くお医者さんから注意されたこと、それに自分でも生活が不規則なせいか、なんとなく疲れやすさを感じることが理由です。

そこで今年は、3つのことに取り組みます。1つ目は運動です。急に激しい運動をしても続かないと思うので、まずは近所の公園でウォーキングをやってみようと思います。2つ目は食事です。今まで、朝ごはんは食べないでランチも簡単に済ませて、夜遅くにがっつり食べてしまうことが多かったので、朝、昼、夕方とバランスよく食事をして、夜食はとらない生活に変えたいです。3つ目は、睡眠です。家に帰るとネットを見たりして夜更かししてしまうことが多いので、遅くとも12時前には寝るようにします。

運動、食事、睡眠、この3つを頑張って、今年は健康に過ごしたいと思います。以上、わたしの今年の抱負でした。

12のシーンでのスピーチ文例を見てきました。人が集まる場に参加することになり「もしかしたらスピーチを求められるかも」と思うときには、あらかじめそれに合った文例を読んで「自分ならどう言うかな」と考えておきましょう。使えそうな表現や構成があったら、ぜひ活用して、自分ならではのスピーチにしてみてください。

ちょっとした心の準備があるだけで、即興スピーチは楽になります。何も考えていないときに話を求められたら焦ってしまいますが、スピーチの機会があるかもと思っておけば、急に指名されても「お、やっぱりきたな！」と余裕を持てます。気持ちに余裕があればマイクの前に立つ姿勢もよくなり、表情も落ち着いて声も大きく、堂々とした話しぶりになるでしょう。そんな姿を見て周りの人たちは「かっこいいなあ」と思うに違いありません。そうなれば、スピーチがますます楽しく、待ち遠しくなってくるものです。

話す機会を前向きに捉えて、ステップアップを目指しましょう。

即興スピーチ　練習問題

即興スピーチ力を上げるための質問リストを作りました。答えやすそうなものから頭をひねるものまで、いろいろな質問にチャレンジしてください。

ウォーミングアップ編

まずは、簡単な質問をします。好きなことという誰にとっても語りやすいトピックで、口慣らしをしてください。

①あなたの好きな動物は何ですか？
②あなたの好きな食べ物は何ですか？
③あなたの好きな飲み物は何ですか？
④あなたの好きな文房具は何ですか？
⑤あなたの好きな本は何ですか？

⑥あなたの好きなスポーツは何ですか？
⑦あなたの好きな場所はどこですか？
⑧あなたの好きな色は何ですか？
⑨あなたの好きな外国はどこですか？
⑩あなたの好きなドラマは何ですか？

ベーシック編

ウォーミングアップに続いて、自分のことを話してみましょう。ここでは自分の過去に注目します。過去の経験やそのときの気持ちは、即興スピーチを親しみやすいものにする格好の話材です。

思い出

「あのとき、こんなことがあったなあ」。そんな思い出は誰にでもあるものです。あなたが思い出を語れば、聞き手はぐっと引き込まれ、耳を傾けてくれるでしょう。

①あなたの春の日の思い出を教えてください。
②あなたの夏の日の思い出を教えてください。
③あなたの秋の日の思い出を教えてください。
④あなたの冬の日の思い出を教えてください。
⑤あなたの運動会での思い出を教えてください。
⑥あなたの文化祭での思い出を教えてください。
⑦あなたの誕生日の思い出を教えてください。
⑧あなたのクリスマスの思い出を教えてください。
⑨あなたのお正月の思い出を教えてください。
⑩あなたの入学式の思い出を教えてください。

はじめての体験

誰でもはじめてしたことは忘れられないものです。「もう忘れちゃった」という人も、思い出してみればそこにあなただけの豊かな話材の宝庫があるでしょう。

①あなたのはじめてのお使いについて話してください。

②あなたのはじめてのデートについて話してください。
③あなたが人生で最初に読んだ本は何ですか？
④あなたが人生で最初に成功した体験は何ですか？
⑤あなたが人生で最初に感動したときのことを教えてください。
⑥あなたが人生で最初に作った友達のことを教えてください。
⑦あなたが人生で最初にした失敗は何ですか？
⑧あなたが人生で最初に嘘をついたことは何ですか？
⑨あなたが人生ではじめて涙したことは何ですか？
⑩あなたが人生ではじめて怒ったことは何ですか？

アドバンス編

今のあなたはどんな人で、どんな考えを持っているでしょうか。自分自身をさらによく知るとともに、頭をひとひねりするトピックにも挑戦してみましょう。

例え話

「例えて言えば」を考えることは、ユニークなものの見方やユーモアのセンスを高めます。自分を客観視できているかどうか、自己理解を試すためにも役立つトピックです。

①あなたをすき焼きの具に例えると?
②あなたをおでんの具に例えると?
③あなたを文房具に例えると?
④あなたを飲み物に例えると?
⑤あなたをスポーツに例えると?
⑥あなたをお菓子に例えると?
⑦あなたを雑誌に例えると?
⑧あなたを丼ものに例えると?
⑨あなたを洋食に例えると?
⑩あなたを麺類に例えると?

好きな人物

あなたが好きな人や憧れの人は、あなたが大切にする価値観を表すと言えます。これらの質問に答えて、さらに自己理解を深めていきましょう。その中で意外な話のネタが見つかるかもしれません。

①あなたが好きなスポーツ選手は？
②あなたが好きな作家は？
③あなたが好きなシンガーは？
④あなたが好きな芸術家は？
⑤あなたが好きな俳優は？
⑥あなたが好きなビジネスパーソンは？
⑦あなたが好きなキャスターは？
⑧あなたが好きなコメディアンは？
⑨あなたが好きな落語家は？
⑩あなたが好きな政治家は？

朝礼のヒント

ここでは、朝礼や会合での即興スピーチのために、話材のヒントになりそうな質問を集めました。ビジネスセンスを磨くつもりで挑戦してください。

①スキルアップするなら、どんなことを磨きたい？
②今一番お話したい人は？
③1万円の食パンを購入することにしました。その決め手となったのは？
④日本のおせち料理を海外で売ることになりました。その商品名は？
⑤あなたは選挙に出ます。あなたのキャッチコピーは？
⑥プレゼンに遅刻した上司に注意をするなら何を言う？
⑦誰もが知っている「浦島太郎」の話。ここから学べる教訓は？
⑧落ち込んでいる友達に元気になる一言をかけるとしたら何？
⑨自分が縛られているルールって何？
⑩0歳～100歳、一番勢いがある年齢は何歳？

チャレンジ編

即興スピーチにはひらめきと想像力が求められます。ここでは「ホップ」「ステップ」「ジャンプ」の3段階で挑戦していきます。頭のトレーニングだと思って取り組んでください。

ホップ

実体験をベースに考えられるトピックを集めました。考えすぎず、好きなこと、言いたいことを自由に展開してみてください。

①あなたの子供の時の夢は？
②あなたの今、思い描く夢は？
③あなたの生活の中で一番の節約は何？
④あなたの食わず嫌いは？
⑤あなたの好きな英単語は？
⑥あなたの好きな言葉は？

⑦あなたのこだわりの朝食は何ですか？
⑧あなたがクリスマスに絶対食べたいものは何ですか？
⑨「東京」といえば何を連想しますか？
⑩「大阪」といえば何を連想しますか？
⑪関西人のイメージはどんな感じ？
⑫果物の王様といえば「ドリアン」。ではインスタントラーメンの王様は？
⑬母の日といえばカーネーション。敬老の日に花をあげるとしたら何？
⑭自分のことを漢字一文字で表すと何？
⑮今年を漢字一文字で表すと何？
⑯あなたの職場（組織）を漢字一文字で表すと何？
⑰これまでの人生で印象的なイベントは何？
⑱あなたのこれまでの人生の中で1番の無駄は何？
⑲あなたにとって至福の時間とは？
⑳宝くじで3万円当たりました。どう使いますか？

ステップ

ここでは、「もしも」と想像することで思考力を鍛えましょう。突拍子もないこと、ありえないことでも構いません。ひらめきをどんどん答えていきましょう。

①あなたはもう一つ名前を持つことができます。どんな名前にしますか？
②よく当たる占い師に占ってもらうとしたら、何について聞きますか？
③あなたがドラえもんになったら、何をしたいですか？
④人間以外でなりたい動物は何？
⑤タイムカプセルに入れるなら何を入れますか？
⑥あなたは10年前のタイムカプセルを発見しました。何が入っていましたか？
⑦あなたは生まれ変われるとしたら、何になりたいですか？
⑧あなたは生まれ変われるとしたら、どんな職業につきたいですか？
⑨あなたは生まれ変われるとしたら、どの時代に生まれたいですか？
⑩自分の棺桶に入れたい3つのものは何ですか？
⑪あなたは将棋の達人です。しかしＡＩに負けました。ＡＩに一言。
⑫あなたは将棋の達人ＡＩです。人間に勝って、一言どうぞ。

⑬あなたは将棋の達人です。ＡＩに挑戦する人にアドバイスしてください。
⑭あなたは3つの願いを叶えてもらえることになりました。その3つとは？
⑮宝くじで３００万円当たりました。どう使いますか？
⑯宝くじで3億円当たりました。どう使いますか？
⑰10年後の日本について教えてください。
⑱10年後の東京について教えてください。
⑲10年後、あなたはどこで何をしているのか教えてください。
⑳もう１つ言葉を話せるとしたら、何語を選びますか？

ジャンプ

誰かになりきって記者会見の場でスピーチをしてください。難易度の高いものですが、自由に話す楽しさが感じられたら、あなたは即興スピーチの上級者です。

①あなたは映画監督です。今回はどんな映画を作るのですか？
②あなたは文学賞を受賞しました。喜びのスピーチをどうぞ。
③あなたは新首相です。これからの抱負を語ってください。
④あなたはデザイナーです。ある博覧会のシンボルマークをデザインしました。どんな

デザインか教えてください。
⑤あなたは新鋭の彫刻家です。今回の作品はどうして、そんな奇抜なものを彫像にしたのか、語ってください。
⑥あなたは今の職業から歌舞伎役者に転向しました。なぜなのか、教えてください。
⑦あなたはアメリカの大リーグに挑戦します。これからの抱負をお願いします。
⑧あなたの会社は不祥事を起こしました。社長としてお詫び会見を行ってください。
⑨あなたは宇宙からきた異星人です。地球の人間に向かって発言してください。
⑩あなたは子供です。国連で大人の人たちに環境問題を訴えてください。

著者略歴

大嶋友秀（おおしま・ともひで）

株式会社スピーキングエッセイ代表取締役。研修講師、スピーチコーチ。関西大学ドイツ文学部卒。現在、武蔵野美術大学在学中。建築業、広告業界などで営業を経験。1992年より国際教育機関・トーストマスターズクラブに所属、全国スピーチコンテスト75回出場、66回入賞（うち10回日本チャンピオン）は日本一の記録(2020年10月現在)。指導内容はプレゼンやファシリテーションなどコミュニケーションに特化した研修や組織活性化のためのワークショップを企画及び実施している。主な著書として『すぐできる！論理的な話し方』(日本能率協会マネジメントセンター)、『ファシリテーションの道具箱』(ダイヤモンド社、共著) 他多数。

即興スピーチ術　ここで一言お願いします！

2020年11月20日　初版第1刷発行

著者　大嶋友秀

発行者　相澤正夫
発行所　芸術新聞社
〒101-0052
東京都千代田区神田小川町2-3-12 神田小川町ビル
TEL 03-5280-9081（販売課）
FAX 03-5280-9088
URL http://www.gei-shin.co.jp
印刷・製本　昭和情報プロセス
執筆協力　講師道錬成道場雙志館
大嶋利佳、青樹弘美、柴田登子、松原里実、水江泰資
デザイン　原田光丞
イラスト　平井さくら

ISBN 978-4-87586-598-8 C0011